RANDOM
GRIDDLERS
PICROSS
NONOGRAMS
HANJIE

DJAPE
100 picture puzzles
with random patterns

Puzzles and text by DJAPE

First edition: November 2014

ISBN 978-1-50316-359-1

Welcome to "Random Griddlers Picross Nonograms Hanjie" book! Unlike other books with this kind of puzzles, in this one the solutions are random patterns which don't represent anything in particular!

Instructions and rules:

1. You start with an empty grid and you must paint it black/white so that the clues on top and on the left hand side are satisfied.
2. The clues tell you how many patches of black cells there are and how many cells there are in each patch.
3. Two patches of black cells MUST be separated by at least one white cell.
4. Each row or column can start/end with any number of white cells, including 0.

As you start with an empty grid, when you decide that a cell must remain "white", it is suggested to mark that cell with some sign, for example, by putting a dot in the middle of it.

How to solve?

Solving picture puzzles requires you to count cells and apply some logic. Remember: if a cell cannot be white, it must be black; and vice versa.

Rest assured that all puzzles in this book, as in all of my books, can be solved using deduction logic only. Guessing is never required! Yes, the puzzles labeled **"INSANE"** are really tough and will challenge you, but no need to guess there either! For some of the more difficult puzzles, you will have to apply a technique called "The Edge".

We are looking at first two rows. By using the Edge technique, I will demonstrate that the **"?"** cannot be "black" and therefore **must be "white"**. Here are the requirements for applying the edge technique:

1. it must be applied on the edge (first two rows or columns, or last two rows or columns). Here I will assume that we are dealing with the first two rows.
2. Every clue in the first **row** must be greater than any clue from the second **row**.
3. In the clues for all **columns**, there must be a "**long**" string of **consecutive columns** in all of which the first clues are **greater than 1**. This string must be longer than **twice** the largest number in the clues for the second row.

If that was confusing, go back to the example. In the first row the clues are "4.4". In the second row, the clues are "2.2.2.2". So, rule 1 is Ok, we are dealing with first two rows. Rule 2: 4 (the smallest clue from row 1) is larger than 2 (the largest clue from row 2). Now, look at the circled numbers on the top. Those are the clues for columns. They are all first clues in their corresponding columns and they are all next to each other. There are also 5 of them, which is more than **twice** the largest clue from row 2, which is 2*2=4. The rule number 3 is also satisfied!

Now: if the "?" were "black", it would belong to a patch of 4 black cells. The patch would extend from "?" left or right or both left and right. Whichever way it extends, since all the circled clues at the top are bigger than 1, there would be a patch of at least 3 cells in the second row, which is contrary to the clues for row 2. Pause here and think about it. It's not easy. Take your time. Ok? Well, if "?" cannot be black it must be white!

That was just one example. You will have to practice spotting such patterns and with time it will become easy to see where it can or cannot be applied.

And always remember: enjoy and have fun!

DJAPE

1. 20x20 - Easy

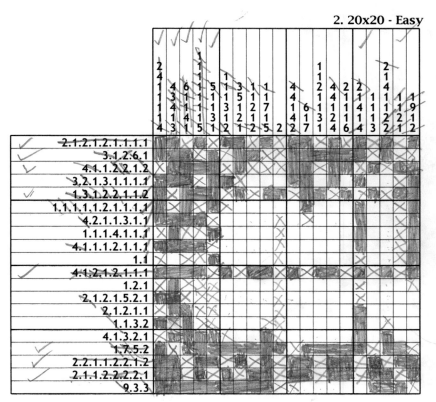

2. 20x20 - Easy

3. 20x20 - Cool

Columns:

Column	Clue
1	2 2 2 1 1 3 1
2	4 1 2
3	4 3
4	3 1 1 1 1 1 3
5	1 1 1 4
6	1 1 1
7	1 1 1
8	1 1 1 1 4
9	1 1 1 1 3
10	2 1 1 2 3 1
11	1 8
12	1 1 1 1 1 2 1
13	3 2 2 2 1
14	4 5
15	2 4 3
16	1 1 2
17	5 2 6
18	1 1 3
19	3 5 3
20	1 4 1 2

Rows:

9.1.1.1
2.1.1.1.1.2
2.1.1.2.1.1
1.1.1.1
4.2.1.2.1.1.1
1.1.1.1.1
1.1.1.1
1.3.1.1.1.4
1.1.1.1.1.1
1.1.2.1
1.1.1.3.2.1.2
1.1.3.1.1.1
2.2.1
1.1.1
1.1.1.9
1.1.1.1.6.1.1
1.1.1.1.1.6
5.2.1.2.1.1.1
2.1.1.1.1.1
1.1.1

4. 20x20 - Cool

Columns:

Column	Clue
1	2 5 1 2 2 2 2
2	1 1 1 2 2 1
3	1 1 1
4	1 3 1 1 1
5	6 1 1 2 1 3
6	2
7	1 1 5 1 1 1
8	1 3 1 1 2
9	1 2 1 1
10	1 2 1 1
11	1 2 2 2
12	1 12
13	1 1 9
14	1 1
15	1 3 3 2 1
16	2 1 1 1 1
17	3 6 1 1
18	7 5
19	3 1 1 4 1
20	8 1

Rows:

1.1.1.1
2.1.6.1
1.1.1.1
1.1.2.1.2.1.2.3
1.4.2.5
1.2.2.2.1
1.1.1.2.1
1.2.1.1.1.1.2.1
1.1.1.1.2.2.2.1
2.1.2.1
2.2.2.2
2.1.2.2.1.1
2.1.2.1.1
2.1.1.2.1
1.2.1.1
2.1.2.2.2
5.2.2
1.2.2.1.2
1.1.1.4.1.2
3.1.1.2.1.1.2

5. 20x20 - Thinker

	1 1 3 2 1 2 2	2 2	3 1 1 6	1 1 2 1 1 1	7 1 2 1 1	4 1 2 2	1 1 1 7	3 1 2 1	1 1	2 1 1 1	2 1 1 1	1 1 1 1	1 1 1 1	2 1 4 1	1 3 1 1	1 2 1 1	1 1 2 1	1 1 3	1 2 4	1 1 1 1
3.1.1																				
2.3.1.2.4.1																				
4																				
1.2.1.4.2																				
1.5.2.1																				
1.5.2																				
1.1.1.1.1																				
1.2.1.1																				
1.2																				
1.1.3.1																				
1.2.2.1																				
1.1.1.3.1																				
1.5.4.1.1																				
1.2.2.2																				
1.1.2.1.1.1.1																				
1.1.2.1.1																				
3.4.1																				
2.1.1.1																				
1.3																				
2.1.7.1																				

6. 20x20 - Thinker

	1 3	1 7 1 1	5 1 1 1	4 3 1 1 5 1	3 1 2 1 2 1 2 1	3 1 1	3 4 3 2	2 2 1 1	6 1 1 3	1 1 2 2	1 4 1 2 3 1	2 1 1	1 1 1 5 1	3 1 1 1	1 1 5	3 2 4 3	1 1 2 1 1	1 6 1 1	5 2 2 4	1 1 1
3.2.2.3																				
3.2.1.1.1.2																				
2.6.1.1.1																				
1.1.1.1.4.1																				
1.1.1.1																				
2.3																				
6.1.1																				
3.3.5.1.1																				
2.1.2.1.1																				
4.1.2.1.1																				
1.1.1																				
5.1.2																				
2.1.1.2.1.2.3																				
2.1.2.2.1.4																				
2.2.1.1.3.1																				
1.5.1																				
4.2.3.4																				
3.2.1.1.1																				
2.1.1.5																				
2.3.1.2.1.1																				

7. 20x20 - Thinker

Column clues (left to right, top to bottom):

Column	Clue
1	4.2.1.1.2
2	1.2.1.1.2
3	2.1
4	1.1.3
5	3.2.1.2
6	2.1
7	1.2.1.1
8	3.2
9	4.1.1.1.3.2
10	1.1.3.1.1.1.2
11	3.1.1.2.1
12	2.1.1
13	1.1.2.1
14	1.1.2.2
15	1.1.1.6.1.1
16	2.2.1
17	1.1
18	2.1.3.2.2.1
19	3.1.1.1
20	4.2.2.1.2.1

Row clues (top to bottom):

Row	Clue
1	2.1.2.2.2
2	1.1.1.1.1.1.2
3	3.3.3.1.3
4	1.2.1.2
5	1.1.1.1.1
6	3.3
7	1.1.1
8	1.1.1.1.1
9	2.1.2.1.1.1.1
10	1.1.1.1
11	1.1.3.1.1
12	1.1.2.1.2.1
13	1.1.2.1
14	2.2.2.1.1
15	2.2.1.1.1.1.1.2
16	2.1.1.4.2.1.1.1
17	1.1.1.2
18	1.1
19	2.1.1
20	4.1.1.1

8. 20x20 - Thinker

Column clues (left to right, top to bottom):

Column	Clue
1	2.1.1.1
2	1.2.1
3	1.1.4.1.1
4	1.1
5	1.1.2.1.2
6	2.1
7	3.5.3
8	1.1.3
9	2.1.1.2
10	1.1.1.1.1.1
11	1.1.1
12	3.2.2
13	1.1.2.1.1.1
14	2.3.2.1.1
15	1.2.1.2.1
16	1.1.1.1.1
17	6.3.1.3
18	1.1.1.2
19	5.2
20	6.1.1

Row clues (top to bottom):

Row	Clue
1	1.1.1.2.4.2.1
2	2.1.2.1.1.2.1.2
3	1.6.1.1.2
4	3.2
5	1.2.1.2
6	1.1.1.1.1
7	3.1.2.2.1
8	2.1.2.3.3.1
9	1.3.1.1
10	1.1.1.1.1.1.2.1
11	1
12	1
13	1.2
14	2.1.2.2.1.1.1.1
15	1.1.2.1
16	1.1.1
17	1.1.1.1
18	1.1.2.2
19	1.1.2
20	2.2

9. 20x20 - Thinker

Column clues (left to right):
1. 1.1.1.1
2. 4.1.1.1.1
3. 2.2.2.1
4. 1.1.1.3
5. 1.2.1.1
6. 1.1.3
7. 2.3.1
8. 1.1.2
9. 2.1.4.1
10. 1.2.1
11. 2.5
12. 1.1.1.1
13. 1.2.4.2.1.4
14. 1.1.3
15. 1.2.3
16. 1.1.1
17. 1.2
18. 6.1.1
19. 1.1.3.5.1
20. 3.3.1

Row clues (top to bottom):

Row clue
3.2.2.1
3.1.1
2.1.7
3.1.1.1
1.1.1.2.1
1.2
1.1.3
2.2.2.2
1.2.1
1.2.3.1
1.5.1
2.2.1.1.1.2
1.1
2.2
2.1.3.1
1.2
1.1.2.2
2.1.4.1
5.1.1.1.1.2
3.1.2.1.1.3

10. 20x20 - Thinker

Column clues (left to right):
1. 1.1
2. 1.7
3. 1.2.1.1
4. 2.2.1.1
5. 1.1
6. 1.1.1
7. 4.1
8. 2.2
9. 1.1.1
10. 1.2.1.2
11. 2.1.1.2
12. 4
13. 1.2.1
14. 1.4.1
15. 2.1.1.2.2.1
16. 3.1.1.1
17. 1.1.3
18. 1.1.3.1.1
19. 1.1.1.5.1.1
20. 3.5.2.1

Row clues (top to bottom):

Row clue
4.1.1.3
1.1.1
4.8
2.3.1
1.1.6
1.1.1.1.1
1.6.1.1.1.1.1
2.2.1.4.2
1.2.1
1.1.1
3.1.2
1.1.2.2
1.1.5
1.1
1
1.3
2.1.1.1
4.1
2.1.1
1.1.3

11. 20x20 - Thinker

1																			
1																			
1		1		1															
2		1		2	1					3	1			1					
1	2	2		2	1				1	1	1	3	2	1					
1	1	2	4	1	1	2			1	2	2	3	1	1	1		2		
1	1	1	1	1	1	1	1	1	2	2	1	1	1	1	2		1		
1	1	1	1	1	1	3	3	1	2	1	1	1	1	1	1	5	3		5
3	1	1	2	1	1	1	1	1	5	2	3	1	1	1	1	1	1	1	1

2.2.1.1.1
5.1.1.1
1.1.1.2.1.2.1.1
1.1.1.3.1
1.5.1.3
1.1.1.1.5
1.4.3.2
1.1.2.1.1.1
2.1
2.1.7
1.1
1.1.2.1
1.3.1
1.2.2.1
1.1
1.2.2.3.1.2
1.2.1.1.1.1
1.1.1.3
2
2.7.1.2

12. 20x20 - Thinker

									2										
		2							3		1	1							
2		1			2				1		2	3							
2		3			1				1	2	1	3		6			2	1	1
1		1	1	1	3	2	1		3	1	1	3	1	2	2	1	1	2	1
1	3	1	1	3	1	3	1	4	1	3	1	3	1	2	1	2	1	1	2
3	1	1	4	1	1	2	1	2	2	4	1	2	1	1	1	2	2	1	1

4.2.1.2.1.1.1
3.1.2.1
1.1.1.1
2.2.3.3.1.1
3.3.1.2.1
1.1.2
1.1.1.1.1.1
1.1.1.1
1.1.1.1
2.2
1.1.1.2.1
1.2.1.1.1.1.1.2
1.2.1.3.1
2.3.1.2
1.1.1.1.1.1
1.3.5.2
1.2.1
1.1.2.2
2.1.4.3.1.1
1.2

Random Griddlers, Picross, Nonograms, Hanjie by www.djape.net

13. 20x20 - Thinker

Column clues (left to right):

1. 1,2,1
2. 1,1,1
3. 2,3,1
4. 1,4,3,2,1,1
5. 2,2
6. 2,5,1,1
7. 4,2,1,1,1
8. 1,3,1,1,3,1
9. 1,6,1,1,5
10. 1,1,1,2
11. 2,2
12. 1,1,1,2
13. 1,2,1,1
14. 1,2
15. 3,1,1
16. 3,1,1,1
17. 3,1,1
18. 3,1,1,2
19. 1,1,1
20. 1,1,1

Row clues (top to bottom):

Row	Clue
1	5.1.1.1.1
2	3.3
3	1.1.3
4	1.1.1.1.2.2.1
5	1.1
6	1.1.1.2
7	1.1.1.2.1.1.2.1
8	2.3.1
9	2.4.1.1.1.3
10	2.1.1.1
11	2
12	1.3
13	3.1.1.1.2.1
14	1.2.2
15	1
16	1.2.1
17	1.2.1
18	1.1.5.2.2
19	1.3.3.1
20	8

14. 20x20 - Thinker

Column clues (left to right):

1. 1,2,1,2,3,1,1
2. 2,1,1,1
3. 2,1,2,1
4. 1,1,2,2
5. 2,1,1,2,2,2
6. 1,1,1,2,2,1,1
7. 2,1,1,1,1
8. 1,2,1,1,4
9. 1,2,1,2,1
10. 2,1,5,2,1
11. 1,2,1,1
12. 1,2,5
13. 1,1,1,1
14. 1,1,1,3
15. 5,2,1
16. 1,2,1,1,1
17. 1,1,2,1
18. 1,1,1,2
19. 2,1,4,1
20. 1,1,1,1,2

Row clues (top to bottom):

Row	Clue
1	3.1.1.2.1.1.2.1
2	4.2.1
3	2.1.1.1.1
4	1.1.1.1.1.2.1
5	1.2.3
6	1.3.2
7	1.1.1
8	4.1.1.1
9	1.3.1.1
10	2.3.1.1
11	1.4.2.2.1.1.1
12	2.1.2.2.1.1.1.1
13	1.2.4.1
14	3.2.1.4
15	1.1
16	6.1.1.1.1
17	2.3.2
18	1.2.3
19	1.4.2
20	1.3.1

15. 20x20 - Thinker

Columns:
1. 2.3.1.1
2. 1.3.2.2.2
3. 1.1.1.1.2
4. 2.3.1
5. 2.1.1
6. 2.1.2.1.1
7. 4.1
8. 1.1.2
9. 2.1.1.1
10. 3.3.1.2
11. 2.3
12. 1.1.1.1.1
13. 2.1.3.1.1
14. 2.7
15. 1.1.2.3
16. 1.2.1.4.2.1.1
17. 2.2.1.3.5
18. 1.1.4.1.1
19. 1.1.2.2.2
20. 2.1.1.1

Rows:
1. 1.3.1
2. 1
3. 4.2.1.1
4. 2.1.1.1.2
5. 1.1.1.1
6. 1.2.1
7. 2.1.1.1.1.1
8. 2.1.1.1
9. 1.1.1.1.1.1.1.1
10. 1.1.1.1.1.1
11. 3.4.1.6
12. 1.3.1.2.3
13. 2.1.5.1
14. 2.1.2.1.2
15. 1.1.7.1.1
16. 1.1
17. 1.1.2
18. 4.1.2.4.1.1
19. 3.6
20. 2.3.1.2

16. 20x20 - Thinker

Columns:
1. 1
2. 1.1.2.1.1.4.2
3. 1.1.4.1.1.1
4. 2.2.5
5. 1.6.1.6
6. 1.1.1.2.3
7. 1.1.2.2.3.2.1
8. 4.1.2
9. 1.2.1.1.3.1.1.1
10. 1.1.1.1.2.1
11. 1.1.1.2
12. 5.2.1
13. 1.3.3.1.2.1.1
14. 3.2.2.1.2
15. 1.1.1.1
16. 1.1
17. 1.1.1.1.3.1.1
18. 2.1.2
19. 1.2.2
20. 1.3.5.1

Rows:
1. 1.2.4.1.1.1.1
2. 1.2.1.1.1
3. 5.2.3.1.2
4. 1.3.2
5. 1.2.3.1
6. 4.1.4.1.3
7. 2.1.2.2
8. 2.1.1.1
9. 2.2.1.1
10. 1.1.5.1
11. 2.2.1.1
12. 1.1.1.2.2.1
13. 4.1.1.1
14. 1.1.1.2.2.2
15. 1.1.2.1.1
16. 8
17. 2.5.2.1
18. 4.2.2.1
19. 1.2.2.2.1
20. 4.1.1.1

17. 20x20 - Thinker

Column clues (left to right):
4.3.2.2 / 1.1.4.3.1 / 1.4.2.1 / 1.1.2.1 / 2.2.1.1 / 2.3.2.2.1.1 / 1.1 / 3.1 / 3.3.1.1.3 / 1.1.2 / 1.1.1.2 / 1.7 / 1.4.1 / 1.1.1 / 3.1.1 / 2.1.1.1 / 1.1.1.2.1 / 1.1.2.1.2.2.1 / 1.1.1.1 / 1.1.1.1

Row clues:
- 1.2.3.2.2.1
- 2.4.1.1.1
- 1.1
- 2.1.1.1.2.3
- 4.1
- 1.4
- 8.1
- 4.2
- 2.1.2.2.1
- 2.2.3
- 1.1.3
- 1.1.1
- 1.1
- 1.1.1
- 1.1.1.9
- 2.1.1.1.4.2
- 2.1
- 1.1.2.1.1
- 1.1.1
- 1.1.1.2.4

18. 20x20 - Thinker

Column clues (left to right):
1.1 / 1.1 / 1.1.1.1.1 / 2.1.3.1 / 1.2.1.5.1.2 / 1.2.3.5.2 / 1.1 / 1.2 / 1.1.2.2 / 3.1.1.1.2 / 1.5.1.1 / 1.3.1.2.1 / 2.1 / 1.1.2 / 1.1.1 / 4.2.2.2.1 / 2 / 4.2.1 / 1.2.1 / 2.1.1

Row clues:
- 1
- 1.1.1.2.1.1.1.3
- 3.1.1.1.1
- 1.1.5.1
- 2.2.1
- 1.1.1.1
- 1.1.1
- 2
- 1.1.1.5.1.2.2
- 1.5.1.1.5.1
- 2.2.1
- 1.2.1.1
- 2.1.1
- 1.1.2
- 1.2.2
- 1.6.1.1.1.1
- 1
- 1.2
- 3.1.2.1
- 3

19. 20x20 - Thinker

Column clues (left to right):
1. 1 3 1 1
2. 1 3
3. 2 1 1 1 1
4. 2 3 2 1
5. 2 4 3 1
6. 2 3 1 2
7. 2 2
8. 1 1
9. 1 1 1 4 1 3
10. 8 1
11. 1
12. 2 2
13. 1 2 1 1
14. 1 1 1
15. 1 1
16. 1 1
17. 2 1 2
18. 1 2
19. 1 1 2 1 2 4 2
20. 2 3 2 1 3

Row clues (top to bottom):
- 1.1.1.2
- 1.1.1.5.1.1
- 1.2.2.1
- 1.1.1
- 2.2.3.1.1
- 1.2.1.5.2
- 2.3.2.1
- 2.3.2
- 1.2.3
- 1.1.1.1
- 1.1
- 2.1.3
- 2.1.2
- 1.1.2.2.4.1.1
- 1.2
- 1.4.2
- 2.1.2
- 1
- 1.2.1
- 1.5.1

20. 20x20 - Thinker

Column clues (left to right):
1. 2 2 1 1 1 2 2
2. 1 2 3
3. 2 2 2 1 1 1
4. 1 2 2 2
5. 1 1 2 2 1
6. 2 2 2
7. 2 1 1
8. 1 1 1
9. 2 2 3 1
10. 2 2 3 1 1
11. 1 1 4
12. 1 3 1 4 1 1
13. 1 2 1 1
14. 1 1 1 2
15. 2 1 1 1 2
16. 3 1 2
17. 1 8 3
18. 1 1 4
19. 1 1 4
20. 1 3 1

Row clues (top to bottom):
- 3.2.1.1
- 1.1.1.1.2
- 3
- 1.1.1.2
- 5.1.1.1.2
- 2.1.5
- 1.1.1
- 2.1.1
- 1.1.1.5.1.1.1
- 1.1.1.2.3.2.2
- 2.3.1.2
- 4.5.1.3
- 1.2.3.1.1.1.2
- 1.1.1.3.2
- 1.1.1.2
- 1.1.1.1
- 2.2.1
- 1.3
- 1.2.2.3.1
- 1.2.1.1

21. 20x20 - Thinker

Column clues (left to right, top to bottom):

Column	Clue
1	1 1 2 6 1
2	1 4 1
3	2 3 1 2 1 2
4	6 1 1 1
5	4 1 1 2 2 2 1
6	1 3 2 1
7	1 1 1 1 1 1 4 2
8	1 2 2
9	3 2 2
10	3 2 1 1
11	1 2 1 4
12	1 2 2 4
13	3 2 2 3 2
14	2 3 2 2
15	4 1 2
16	2 1 1 3 1
17	2 1 1 9
18	1 1 1 1 5 1
19	1 5 1
20	4 3

Row clues:

Row	Clue
1	2.3.5
2	2.1.5.1
3	1.2.1.2.1.1.2
4	3.2.2.2
5	1.3.1.2.1.3.2
6	1.4.1
7	5.1.1.2.1
8	1.1.1
9	1.3.1.1.1
10	1.1
11	2.1.1.1
12	1.4.3
13	3.3.1.3.3.1
14	3.6.1.4.1
15	2.3.1.2.1
16	4.1.4.2
17	1.2.3.1
18	3.2.2.1
19	1.6.2.1
20	1.6.3.2

22. 20x20 - Thinker

Column clues (left to right, top to bottom):

Column	Clue
1	1 1 2 3 1
2	2 3
3	1 1 1 1 1 1 1
4	2 1 1 2
5	1 2 1
6	1 1
7	1 4 1 1
8	1 3 1 2 1 1 1 1
9	2 2 7 4
10	2 2 1
11	1 2 1 1 2
12	2 1 2 1
13	1 1 1 1 1
14	1 1 1 1 1
15	1 3 1
16	1 2
17	3 1 1
18	4 1 2 3
19	1 1 3 1
20	1 2 3 3

Row clues:

Row	Clue
1	2.2.1.4.1.1.2
2	3.2.2
3	2
4	1.1
5	1.1.3.2
6	1.1.2.1.1.2.2.1
7	3.3.2
8	2.1.3
9	3.1.2.4.1
10	1.1.1.1
11	2.1.1.2
12	2.2
13	1.3.2
14	2.3.1.1
15	1.1.1.1
16	1.1.1.3.1.2.1.1
17	1.2.2
18	2.2.1.2
19	1.1.1.1
20	2.1.2.1

23. 20x20 - Thinker

1 1 7 1 2	1 1 4 2	1 1 1 1 1	3 5	3 4 1 2	4 1 2 4	2 2 1 1	1 1 1 8	1 1 1 1 1 1 1 2	5 1 4 5	2 1 1 1 4	2 1 2 1 1 1 1	1 1 7 2	3 1 1 5	1 1 3 2 1 1	4 1 4	2 1 2 2 2 2	1 1 1 7 2	2 5 1	1 1 5 1 1 3

2.4.3.2.2
3.3.1.1.1
1.3.2.1.1.1
2.3.1.2.1
1.1.1.8
1.1.2.1
1.1.2.1.1.1
1.3.1.1
1.2.1.6
2.5.2.2.1.2
2.2.3.2.1
8.2.1.1.1
1.1.1.6.1.2
1.1.1.1.1.1.3
1.2.1.1.1.3
1.1.1.1.3.4
2.2.3.3.2
3.2.2.3.1.1
1.2.3.1
1.1.5

24. 20x20 - Thinker

1 1 1 2 1	4 1 1 1	1 1 2 1 1 1	1 1 4	1 1 1 1	2 2 1	1 1 1 2 1 1	1 1 3	1 3 2 1 2 2	3 1 2 2	2 3 2 2 2	6 1 1 2 1 1	1 4 1 1 1	1 1 4 2	1 1 4 2	4 5 3 1 1	1 2 1 1 1 1	1 1 2 1	1 1 2 3	3 3

2.4.1
1.1.1.1
3.3.3
1.1.3.1
3.2.1.1.1.4
1.1.2.1
2.2.6
2.2
1.1
1.2.2.1.3.1
2.1.2.2.1
1.6.1
1.5
1.1.1.2.1.1
1.1.1.1.3.4.1
3.1.1.2
1.2.4.2
1.2.2.1
1.1.3.2
3.2.8

25. 20x20 - Brain

Column clues (left to right):
1. 3, 5
2. 1, 2, 3, 4, 5
3. 1, 2
4. 3, 3, 2, 1, 2
5. 2, 1, 3, 2
6. 2, 1, 2, 3
7. 1, 3, 1
8. 1, 2, 4
9. 1, 1, 2, 1, 1, 1, 1, 1
10. 1, 4
11. 1, 1, 1, 2
12. 1, 5, 1, 1, 1, 1
13. 1, 1, 1, 1, 2
14. 1, 2
15. 1, 2, 2, 1
16. 4, 1, 2
17. 1, 1
18. 1, 1, 1, 1
19. 1
20. 1, 3, 3, 1, 1, 1, 1

Row clues (top to bottom):

Clue
1.1.1.2
2.2.2
1.3.1.1.1
1.1.1.1
7.1
1.1.1.1
1.1.1.1.1.1
1.1.1.2.1.2.1.1
2.2.1
1.2.1.1
2.2.2.1
1.3.1.1.1
1.4.2.1
2.5.1.1
1.1.2.1.2
1.2.1
1.1.1.1.1.1.1
3.3.2
2.1.1.5
1.1.1.2.2.3.1

26. 20x20 - Brain

Column clues (left to right):
1. 2, 2, 1, 7
2. 1, 1, 1, 1, 1, 1, 2, 3
3. 1, 3, 1, 2
4. 1, 1, 1, 2, 1
5. 2, 1, 2, 1
6. 2, 3, 1, 1
7. 1, 1, 1
8. 1, 2, 2, 2
9. 2, 1, 1
10. 1, 1, 1
11. 3, 1, 1
12. 3, 4
13. 1
14. 1, 2, 5, 1
15. 2, 1, 1, 1
16. 1, 1, 3, 1
17. 2, 1, 2
18. 3, 3, 2, 2, 3, 1
19. 1, 1, 1, 1, 2
20. 1, 2, 1, 1, 3

Row clues (top to bottom):

Clue
4.2.1.1.1
1.3
1.5.2.1.1.1
1.3.1.1.1
3.1.3
1.1
1.2.2.1.1.1
2.1.1.1
5.2.1
1.2.4.1
2.1.1.1.1.1
1.1
1.1.1.2
1.1.2.1.2.4
4.1.2
2.5.2.1
1.2.3.1.2.1
4.1
2.2.2.1.1
2.3.1.3

27. 20x20 - Brain

Column clues (left to right, top to bottom):

Column	Clue
1	2
2	1 1 3 8
3	6 2 1 1
4	1 1 1 1 2 1
5	2 1 1 1
6	1 4
7	1 1 4
8	2 1 1 1 1 3
9	1 1 2 1 3
10	3 2
11	1 2
12	1 1 1 1 1 2 1 1 1
13	1 1 1 1 2 1 4
14	1 1 1 1
15	1 1 1 1
16	1 1 2
17	1 1
18	1 1 2 2
19	1
20	1 1 1

Row clues (top to bottom):

Row	Clue
1	2.3
2	1.1
3	2.1.1.3.2.1
4	2.1
5	1.2.4.1.1.1
6	2.1.2
7	1.3.2
8	1.2
9	1.2.1.2
10	3.1
11	1.2.2.2
12	1.2
13	1.1
14	1.1.4.2.1.2
15	2.1
16	1.1.2.2.2.2.1.1
17	1.7.1.1.1
18	1.2.1
19	3.1.2
20	1.2.1.2

28. 20x20 - Brain

Clues	Grid
1.1.1.1.1.6	
3	
2.1.1.1	
1.1.1.5.2.1	
3.2	
3.2.1	
1.2.1.3	
3.1.1	
2.1.1.1.1.1.1	
1.1	
2.5.1.3	
1.1.1.1	
4.1.1	
1.1.1.1.1.5	
1.4.3	
2.2.1	
1.3.2	
1.2	
1.3.2	
1.2.2.1.3.1.3	

Column clues (left to right):
1.1.1.1.1.1 / 1.2.1.1.2.1 / 2.1.1.2.1.1.1.2 / 1.1.1.1.1.1 / 2.2.2.1 / 1.1.4 / 1.1.1.1.1.1 / 1.1.1.1 / 1.1.1.3.1.1.2 / 1.1.1.1 / 1.2.4.2.3 / 2.1.1.2 / 1.1.1.4 / 1.3.2.2.3 / 1.1 / 1.2.1.1.1.2.1 / 1.1.1.1.1 / 1.1.1.2 / 3.1 / 1.1.1

29. 20x20 - Brain

Column clues (top to bottom):

Col	Clue
1	1 1 1 4
2	2 1
3	2 1 1 4
4	1 3 2 1 2 4
5	1 1 1
6	1 1
7	1
8	1 1 1 2
9	1 2 5
10	3 4
11	1 1 2 1
12	3 1 1 1 1
13	1 3 2
14	2 2
15	1 1 1 2 1 3
16	2 6 8
17	1 1 2 3
18	1 1 2 1 3
19	6 3 3
20	2 4 3 3

Row clues:

Row	Clue
1	3.1.3.3
2	2.1.1.3.1.2.2
3	1.1.2.1.1
4	2.2.1.3
5	1.2.2
6	1.1.1.1.2.1.2
7	1.1.1.1.1
8	1.1.1.2
9	3.4
10	1.2.1.1.1.5
11	1.1.1
12	1.2.2.1.1
13	2.4.1
14	3.2
15	3.1.1.2
16	2.1.1.2
17	1.1.3.2
18	2.4.2.4.1
19	1.1.4
20	1.1.1.1

30. 20x20 - Brain

Column clues (top to bottom):

Col	Clue
1	1 3 1
2	2 1 1 6 2
3	3 6 1 2
4	3 1 1 1
5	2 4 3
6	1 1 2 2
7	2 1 1 2
8	1 2 1 7 1
9	1 1 1 1 1 1 1 4
10	1 1 2
11	1 1 3 1 1 1
12	6 2
13	1 2 1
14	1 1 1 1 2 1 1
15	1 1
16	2 2 1
17	2 1 1 1
18	2 3 1
19	1
20	1 2 1

Row clues:

Row	Clue
1	1.2
2	3.1
3	2.3.1.1
4	1
5	1.1.1.1
6	1.1.1.2.1.1.1
7	1.1
8	1.1.6.1
9	7.3.1.1.1
10	5.1.2.1.2
11	3.1.2.2
12	6.1.1.2
13	2.3.1.1
14	5.1.1.1
15	1.2.1.1.1.1.1.3
16	2.3
17	2.3
18	3.1.2
19	2.2.2
20	2.1.2.1

31. 20x20 - Brain

	1	2	3	4	5	6	7	8	9	10	11	12	13	14	15	16	17	18	19	20
				1		3	1			1	2	3								
				2		1	2			2	3	1	1			5		1	7	2
			2	1		1	1		6	1	2	1	1	1	1	4		1	3	2
		1	1	1	2	2	1		1	2	2	1	3	1	1	2	3	1	1	3
	1	6	1	1	1	1	2	1	1	1	1	1	2	2	1	1	1	1	2	2
1.1.1																				
1.2.5																				
2.4.1.2																				
1.2.1.3																				
1.1.1																				
1.1.2.3																				
2.2.3.1.1																				
1.2.2																				
1.1.1.2																				
1.2.1																				
1.2.5.1																				
1.2.1.1																				
4.1																				
1																				
1.1																				
1.4.3.1																				
2.2.1.1.1.5																				
1.1.1																				
1.4.1.1.1.3																				
3.1.1.1.1.1																				

32. 20x20 - Brain

	1	2	3	4	5	6	7	8	9	10	11	12	13	14	15	16	17	18	19	20
																		2		
																1	1	2		
			1				1			1	1					1	4	2		2
		5	1	2	3		2	6		1	5	1	2		1	2	3	1	1	2
	1	2	1	1	1	1	1	4	1	1	1	5	2	2	3	2	1	4	1	1
	3	1	2	2	1	1	1	1	1	2	1	1	2	1	2	4	1	2	3	1
1.1.3.2.1.2.2																				
5.2.1.1.1																				
1.1.1.1																				
1.1.1.1																				
1.2.2.4.3																				
2.1.2.1.1																				
3.1.2																				
2.3																				
2																				
3.1.1																				
1.1																				
1.1.1.4																				
1.1.3.5																				
1.2.4																				
2																				
2.2																				
1.1.1.1.1																				
1.1.1.1.4.3																				
1.2.1.2.2																				
1.1.1																				

33. 20x20 - Brain

Row clues:
- 1.3.6
- 1.1.2.1
- 4.1.1
- 2.2.5.2.1.1
- 1.2.1.2.1
- 2.2.1
- 1.2.4
- 1.1.2.1.2
- 2.1
- 1.1.2.1.1
- 3.2.1.2.1
- 1.1.1.1.1
- 2.1.1.1.2
- 1.6.1
- 2.1.1.2.1.1
- 2.1.1.2.1
- 2.1
- 2.3.1.1
- 1.4.3.1.1
- 2.6.1.4

34. 20x20 - Brain

Row clues:
- 1.1.2.1
- 2.2.1
- 1.1.1.1.1.2
- 1.1.1.2
- 1.3.2.1.2.2
- 1.1.1.2.1
- 2.1.2.1.1.1.2
- 2.3.4.2.1
- 1.1.5.1.1.1
- 1.1.1.1
- 4.6
- 1.2.2
- 1.1.1.1
- 1.3.1.1
- 1.1.2.1.1.4
- 1.1.2
- 1.1.3.2
- 1.1.1.1
- 1.4.1
- 3.2.1

35. 20x20 - Brain

	1.1.1	3.2	1.2.1	2.1.2.1.1.1	2.2.2.2	2.6.3	1.1.2.2	2.1.2.1.1	1.1.4.2.1.1.1.2	1.6.1.3	2.7	1.2.1.3.2	2.3	4.4	1.1.2.1.2	1.1.2.1.1	1.1.1	1.2.1	1.3.1	1.2
1.2.1																				
1.1																				
1.1.1.2																				
2.1.1.1																				
2.4.1.1.2.2																				
1.4.3																				
1.2.1.5.2.1																				
1.2																				
1.1.1.7.2																				
5.1.4.1.2																				
2.4.1.4.1																				
2.3.2.1.1.1.1																				
1.1.2.1.1																				
1																				
1.2																				
1.1																				
5																				
3.1.2.1																				
1.3.3.1																				
1.1.1.1																				

36. 20x20 - Brain

	2.2.4	1.1.1.1.1.1	3.4.7.1	4.1.2.1.2.4	1.1.2.2.2.1.1	3.2.2	3.1.1.3.1.1.1	7.2.2	6.1.1	1.4.1.2.1.3	3.3.2.2.1.2	1.1.3.2	4.2.2	2.1.4	2.1.1.2.1	1.2.3.2	1.1.7.3	1.3.1.1.2.4	2.4.1.2.2.1	6.1.2.1
4.3.1.5																				
1.2.3.1.2																				
1.2.5.3.1																				
2.2.7																				
2.5.2.3																				
1.1.2.4.1.3																				
1.6.4.1																				
2.2.1.1.1.1																				
2.1																				
9.1																				
3.3.1																				
1.2.1.2.3																				
3.1.3																				
1.3.1.2.1.5																				
1.4.1.2.6																				
1.3.1.1.2																				
3.1.1.5																				
3.1.1.4																				
2.2.2.2																				
3.1.3.1.1.2																				

37. 20x20 - Brain

Column clues:

Column	Clue
1	4 2
2	1 1
3	2
4	5 1 1
5	1 1 1 1 1
6	1 1 1 1 1 1
7	1 2 2 1 1
8	1 1
9	1 1 2 1
10	8 3
11	2 4 2 1 1
12	1 1 1 1 1
13	3 1 1 3 1
14	1 4 1
15	1 1 1 2 1
16	2 1 1
17	1 2 1 2
18	3 2 1 2 1
19	2 6 3 1
20	5 7

Row clues:

Row	Clue
1	3.2.2.3.1.1
2	2.4.1
3	1.1.1.1.1
4	1.2.3
5	1.1.3
6	1.2.3
7	1.3
8	1.3.1
9	2.3.4.1
10	1.1.1.5
11	1.1.1.1.3.2
12	1.2.2.2
13	3.3
14	2.1.4
15	1.1.1
16	2.3.1.1.2
17	2.1
18	1.1.7.1
19	1.6.1
20	1

38. 20x20 - Brain

Column clues:

Column	Clue
1	4 1 2
2	1 1 2
3	1 1 1 6 1 1
4	3 1 1
5	1 1 1 7 2
6	1 1 1 2 3
7	2 3 2 2 3
8	3 2 8
9	1 8
10	1 1 1 2 1 1
11	1 2 1
12	1 1 2 1
13	1 2 4 1
14	2 1 2 1 1 1
15	1 5 2 1 1
16	1 1 1 3 2
17	2 1
18	1 2 1 1 2
19	1 3 1 1 2
20	2 2 1 1 1 1 1

Row clues:

Row	Clue
1	1.2.1.3.3
2	4.1.1.1.1
3	1.1.1.1.1.2.1
4	1.1.2.1
5	1.1.5.1.1
6	1.2.3
7	1.1.3.1
8	1.1.2.2.2
9	2.1.1.1.1
10	1.3.1.2.1
11	1.7.1.1
12	7.3.2.1.1
13	1.9
14	3.3.3.1
15	1.1.2
16	3.5.2.3
17	4.1
18	3.2.3
19	1.1.1.3.2
20	2

39. 20x20 - Brain

Column clues (left to right, top to bottom):

Column	Clue
1	2 1
2	7 1 2 1
3	6 3 1 1
4	2 2 1
5	4 2 1 1 1
6	1 1 1 1
7	1 5
8	2 1 1 2
9	1 2 1 2 1 4 1
10	2 3
11	1 2 1 2
12	1 3 1 3 3
13	2 2 2
14	1 1 6 3 2
15	2 1
16	2 2 1
17	3 2 1 1 1
18	1 4 1 2 1
19	1 1 1 4 1 2
20	3 5 1 1 1

Row clues:

Row	Clue
1	3.1.1.1.1
2	5.1
3	2.1.1.1.2.2
4	3.2.1.1.1
5	3.1.1.1
6	2.1.1.1.3
7	1.1.1.1
8	1.2.1.6
9	3.4.1
10	1.1.5.1
11	1.1.1.1.3
12	1.4.1.3
13	2.1.1.1.2.2
14	2.1.5.1.1
15	1.3.1
16	2.1.3.4.1
17	1.3.1.1
18	1.1.1.1.1.1
19	1.2.1.3
20	2.1.2.1.1.1.1.1

40. 20x20 - IQ

Column clues (left to right, top to bottom):

Column	Clue
1	1 1 2
2	5 1 7
3	1 2 2 2 1
4	1 2 1 1 1 1 4
5	1 3 3
6	1 1 2 1
7	1 1 1 1 2 1 2
8	2 1
9	1 1 1 1 1
10	1 1
11	1
12	1 1 1
13	1 1 1 1
14	2 1 1 1 1
15	1 2 1 1 1 5
16	2 1 1
17	1 5 7
18	3 2 4
19	1 6 1 2
20	1 1 3 1 3

Row clues:

Row	Clue
1	1.1.1.1
2	6.2.1
3	1.3.2.1
4	1.1.2.2.2
5	1.2.2.3
6	2.1.1.3.1
7	1.2
8	3.1.1.1.2
9	1.1.2
10	1.1.4
11	2.1.2
12	3.9
13	1.2.1.1.1
14	2.1.1
15	3.2.1.2
16	3.3.1.1.2.4
17	2.2.1.2
18	4.1.1
19	1.1.1.1.1
20	1.1.1.2

41. 20x20 - IQ

Column clues:
1 1 1 1 | 1 | 1 1 1 1 1 2 1 | 1 | 2 1 3 1 | 1 1 1 2 | 5 1 2 | 1 1 1 2 1 | 1 1 3 1 1 2 | 5 1 | 1 1 5 5 | 1 2 2 2 1 2 | 3 5 3 | 8 1 2 | 2 1 1 | 1 1 2 1 1 1 1 | 1 1 3 2 1 1 1 2 | 1 1 1 1 2 | 3 1 1 1 2

Row clues:
| 1.2.3.1.2.2 |
| 1.2 |
| 1.1.1.1.1.1.1 |
| 1.2.1.1.3 |
| 1.2.4 |
| 2.1.2.2 |
| 1.2.2.1.2.2 |
| 1.5 |
| 1.1.2.1 |
| 3.1.3.1 |
| 1.5.1.1 |
| 1.1.1.1.1.1.1.1.1 |
| 2.1.1 |
| 3.3 |
| 2.1.5.2.1 |
| 1.1 |
| 1.1.2.2 |
| 1.1.2.3 |
| 2.1.1.1.2 |
| 1.2.2.1.1.1 |

42. 20x20 - IQ

Column clues:
1 1 1 6 1 | 1 2 5 5 | 2 1 1 1 2 5 | 1 1 3 | 1 5 | 2 1 1 1 1 2 | 5 1 5 1 2 | 1 1 1 1 1 | 4 1 1 1 1 | 1 1 1 1 | 2 | 1 2 2 | 2 2 2 2 | 1 1 1 1 | 5 1 1 2 3 | 2 1 2 1 1 | 2 2 1 | 3 2 1 | 1 3 | 1 1 2 | 1 1 1 1

Row clues:
| 3 |
| 2.3.1.4 |
| 4.1.1.1.1 |
| 3.2.1.1.1.1 |
| 1.1.1.3 |
| 3.5.2 |
| 4.1.2 |
| 1.1.1.4 |
| 2.3.1.1 |
| 1.1.2 |
| 1.1.1 |
| 1.1.3.1.2 |
| 6.1.2 |
| 2.1.2.2 |
| 2.1 |
| 2.4.6 |
| 5.1.3 |
| 1.2.1 |
| 1.1.1.1 |
| 3.1.1 |

43. 20x20 - IQ

Column	Clue
1	2.2.1.2.1.1.1
2	2.1.1
3	1.1.1.2
4	1.2
5	1.2.1.5
6	1.2.2.2.1
7	2.5.2.1.2
8	1.2.2.1.3
9	1.1.4.2.2
10	1.2.1.1.2.1.1.2
11	4.2.1.1
12	1.1.1.2.1.1.1
13	1.2.2.1
14	1.1.1.1
15	1.1.3.3.3.2
16	1.1.1
17	1.1.2
18	1.3.1.1
19	1.1.1.1
20	1.1.4.4.1.2

Row	Clue
1	2.1.3.4.1
2	1.1
3	1.1.1.1.1.1
4	1.1.4
5	1.2.1.1
6	2.2.5.1.1
7	3.3.1.1.1.1.1.1
8	1.2.1
9	1.1.1.2
10	1.2.1.1.1.1.2.2
11	1.1.1.1.1.1.2.3
12	2.1
13	1.1.1.1
14	1.3.2.1
15	1.1.4.1
16	1.1.1.1.1
17	2.6.2.1.1
18	1.1.2.6.1.1.1
19	1.2.1.2
20	1.2.3.2.1

44. 20x20 - IQ

Column	Clue
1	1.5
2	1.1.3
3	1.2.3.1
4	1.3.1.1
5	5.5.2.1
6	2.1.1.4.4.1
7	1.1.3.2.6
8	1.2.1
9	1.2.2
10	3.4
11	1.2.2.2
12	2.1.2.1.1
13	1.1.2
14	1.4.1
15	1.3
16	1.1.2
17	1.3.1.1
18	1.1.4.1.1.1.1
19	6.2.1.1.1
20	1.1

Row	Clue
1	2.1
2	2.1.1
3	3.1.1.1.4
4	1.1.1.1
5	2.1.2
6	1.1
7	5.2
8	2.2.1.1
9	2.3.2
10	1.1.4.3.1.2
11	1.6
12	1.1.1.1.7
13	1.1.1
14	4.1.1
15	1.1.3.1.1.2
16	1.1.2.1
17	2.1.2.1.1.3
18	2.2.1.1
19	3.1.9
20	7.1.1.1

45. 20x20 - IQ

Column clues (left to right):

1. 1.1.1.2.1
2. 1.2
3. 2.1.1
4. 2.1.6.1
5. 2.8.2.1
6. 1.2.1.1.6
7. 1.2.2.1
8. 1.1.2
9. 1.1.1.1.1.1.1.2.5.1
10. 4.1.1
11. 1.1.3.1.4.1
12. 1.3.1.1.1
13. 1.1.2.1
14. 1.2.3
15. 1.3.3.2
16. 1.2.1.2
17. 3.3.1.1
18. 1.1.3.1
19. 2.1.2.2.1
20. 2.1.2.1

Row clues (top to bottom):

Row clue
9.1.1.1
2.1.1.2
2.4.1.1.2.1
2.1.1
1.1.5.2.1.2
3.2.2
2.1.3
1.1.3
1.1.2.2
1.3.1
1.1
1.1
5.1
2.1.1.1.3.2
4.1.1.6
2.1.2.1.1.3.1
1.1.1.2.1.5
1.1.1.1
1.3
3.1.1.1.1.2

46. 20x20 - INSANE

Column clues (left to right):

1. 4.2.3.1
2. 1.6.2.2.1
3. 1.1.2.2.1
4. 1.1.2.1.1.1
5. 4.1.1.1.2
6. 2.4.1.1.1
7. 4.1
8. 6.1.2.1
9. 1.1.3.3.1.3
10. 3.2.1.1.3
11. 2.2
12. 2.1.1.3.2.2
13. 2.1.1.1.1.1.2
14. 1.1.1.1.2.1
15. 1.2.1.2.1
16. 2.1.2.1
17. 1.1.2.1.1
18. 1.1.1.1
19. 1.3.1
20. 1.1.2.3

Row clues (top to bottom):

Row clue
2.2.1.1.3
2.1.2
1.3.1.1.1.1
2.1.1.1.1.1
1.1.1.1.2.1.1
4.1.2.1
1.1.2
1.2.1.2.1
3.6.1
3.1.2.1.2
2.2.2.1.1
1.2.1.2
1.5.1.2.2.1
1.1.2.3
2.1.2
1.3.1.3.2
2.1.1.1.1.1.3
1.2.1.1.1
2.1
5.1.2

47. 20x20 - INSANE

Column clues (left → right):

Col	Clues (top → bottom)
1	2 2 1 4 1 2
2	2 3
3	1 3 1 5 1 1
4	2 1 2 2 3 1
5	1 1 1 2 1 1
6	2 3 1
7	1 1
8	1 2
9	1 1 3 2 1 2
10	2 2 1 5 1
11	1 1 6 2 1
12	1 3 3
13	1 1 4 1
14	3 1 1 1
15	1 3 3
16	1 1 1 1
17	1 1 1
18	1 5
19	3 3 2
20	4 1 4 4

Row clues (top → bottom):

- 3.1.1.3
- 1.1.6.1
- 1.1.1.1.2
- 2.1.2.2.1
- 1.1.3.1
- 1.2.1.1.2
- 1.2.1.1.2
- 1.1.1.1.3
- 1.2.2.1.1
- 3.1.1.3
- 3.1.1.1.1
- 1.1.2.1.1.1
- 1.5.2.1
- 4.1.1.1.1
- 1.1.1.6.1
- 2.5
- 1.2.1.2
- 1.1.2
- 1.3.1.3.1
- 7.1.1.1

48. 20x20 - INSANE

Column clues (left → right):

Col	Clues (top → bottom)
1	9
2	1 1 1 1 3
3	2 1 1
4	2 1 1 2 1
5	1 1 1
6	1 2
7	3 1
8	1 1 3
9	4 2 1 2 2
10	4 1 1
11	3 2 1 1 2
12	3 1 2 5
13	1 1 3 1
14	2 1 2
15	1 1 1 1 1 1 1 4 1 1
16	1 1 1 8 1
17	2 1 1 1
18	4 7 2
19	1 1
20	3 1

Row clues (top → bottom):

- 2.3
- 5.1.1
- 1.1.8
- 2.2.1
- 2.1.1.4.3.1
- 1.1.1.3
- 2.3.1.2
- 2.1.1
- 1.1.1.3
- 1
- 11.2.1
- 1.1.6
- 2.3.2.4.1.1
- 1.1.1.1.2.2.1
- 1.1.1.1
- 1.1.2.1
- 1.1.2.1.1
- 1.1.2.2
- 1.1.2
- 1.1.1.1.1

49. 20x30 - Easy

Row clues (top to bottom):

- 3.1.1.1.1.1.1.2.1
- 8.3.1.3
- 1.2.2.3.1.3
- 1.1.3.3.2.1.1
- 2.2.2.3.1.2.2
- 2.5.1.3.4
- 2.3.1.3.3.1
- 2.4.3.1.1.2
- 1.6.2.3
- 2.3.2.3.1.1.2
- 5.1.3.4
- 2.2.1.1.2.1.2
- 1.1.1.1.3
- 2.2.2.6.1.1
- 1.2.1.3.4
- 2.2.2.1.1.1.2.1
- 2.1.1.4.2.4
- 1.1.1.1
- 1.1.1.1.2.3
- 1.1.1.1.1
- 8.1.1.2.1.2
- 3.1.1.1.1.1.2.1
- 1.2.2.1.1.1.3
- 2.2.2.4.1.1
- 4.2.3.4.1
- 2.2.2.2.1.1.2.1
- 1.2.3.3.1.1.1.1
- 2.3.1.2.4.2
- 1.2.1.1.2.2.1.1.1
- 2.1.1.1.1.2.2.1.1

50. 20x30 - Easy

Column clues (top to bottom):

1. 1,1,4,1,2,1,5,4
2. 1,1,3,1,3,3,2,3
3. 4,1,1,1,1,8,3
4. 2,1,2,2,2,2,1,2,3
5. 3,2,2,1,1,4,3
6. 1,2,2,3,1,1,5
7. 2,1,2,2,2,2,1
8. 3,2,2,1,3,7,2
9. 1,1,4,1,3,2,7,2
10. 2,1,1,1,3,1,4,2
11. 2,1,1,3,10,1,1
12. 1,2,1,1,1,1,1,4
13. 2,1,4,3,5,1,3,2
14. 6,3,1,3,1
15. 2,2,4,2,2,1,3,2
16. 3,2,1,1,1
17. 1,5,5,1,2,1
18. 1,2,2,3,2,1,1,3
19. 1,1,1,4,4,2,1,5
20. 2,2,5,9,1 / 1,2,5,1,14

Row clues (top to bottom):

#	Clue
1	2.1.10
2	3.2.1.5.1
3	3.2.2.1.1.1.2
4	5.5.2
5	3.2.2
6	2.1.4.3.1.4
7	4.2.2.1.2.1.2
8	1.1.2.4.1.1
9	7.1.2.5
10	1.1.2.1.2.5
11	2.2.1.1.1.1.3
12	2.2.1.2.3.2.2
13	2.1.1.1.1.1.2.1.2
14	1.1.3.1.1.3
15	2.1.2.2.3.1.3
16	1.3.4.4
17	4.1.1.1.1.5
18	2.3.2.1.3.2
19	1.2.4.1.1.2
20	1.1.1.2.2.1.1.4
21	3.1.2.1.1.1.1.3
22	10.1.2
23	5.2.3.1.4
24	4.1
25	1.1.1.3.1.1.1.1
26	1.1.2.4.1.3.1
27	2.1.2.1.2.1.1.1.1
28	1.1.2.1.2.1.1.2.1
29	1.1.2.2.1.3.1
30	1.1.1.1.2.1.2.1.2

51. 20x30 - Cool

Clue	C1	C2	C3	C4	C5	C6	C7	C8	C9	C10	C11	C12	C13	C14	C15	C16	C17	C18	C19	C20
col clue	1 8 2 1 1 4	4 1 1 1 2 1 1 1	3 3 1 3 1 4 1	2 5 1 1 3 1 2	1 1 1 3 1 8 1 3	5 2 3 8	1 1 5 8 1 3 1 2	1 1 1 3 1 2 1 3	1 1 1 1 1 2 5	4 2 1 1 1 2 3 1 1	2 1 1 1 3 1	1 2 1 3 5	2 2 2 1 1 1	1 1 2 1 1 4	3 5 4 2 1 1 1	1 1 1 2 3	4 1 4 1 5 1 5	1 1 3 1 1 2 5	1 3 3 1 1 1	1 2 4 1 4 4 3 2
2.5.1.2.1.2																				
5.1.1.1																				
4.2.1.3.2.1																				
3.5.1.1.1																				
1.2.1.1																				
3.2.2.2.1.1																				
1.2.1.1.1.1.3																				
6.1.1.1.2																				
1.1.6.2.4																				
4.1.1																				
5.2.1.1.2.1																				
3.2.2.1																				
6.1.1.1.4																				
3.1.1.1																				
5.2.2.1.2.1																				
1.1.1.1.1																				
5.4																				
1.1.2.2.2																				
6.1.2																				
4.1.1																				
10.1.1																				
1.2.1.1.1.1.1.1.1																				
2.1.3.1.3																				
4.2.1.1.1.1																				
1.3.2.1.1.1																				
1.4.1.1.1.3.1																				
1.1.1.1.4.2																				
1.1.5.3.1																				
5.3.1.5																				
3.4.2.4																				

52. 20x30 - Cool

Column clues (left to right):

1. 1.8.1.7.1.1.2
2. 4.2.1.1.1.1.1.1.3.2.1
3. 2.2.2.1.2.1.3
4. 2.6.1.1.1
5. 8.2.2.6
6. 4.2.1.1.6.1
7. 1.1.1.2.1.1.2
8. 1.1.1.3.3.1.2.1.2.1
9. 1.1.5.1.2.3.1
10. 1.1.1.7.1.2.1.1
11. 1.3.1.1.1.3.1.1.2
12. 1.2.1.1.1
13. 3.2.1.1
14. 9.2.3.1.1
15. 1.2.1.1.2.5.1.3
16. 1.2.1.1
17. 3.1.6.1.2.3
18. 6.4.3.3.2.1.4
19. 3.2.1.1
20. 3.3.2.4.4.2

Row clues (top to bottom):

Row	Clue
1	1.1.4.1.3.1
2	1.2.1.1.1
3	5.1.1.2.2.1
4	7.5.2
5	2.2.3.4.2
6	1.1.1.1.3
7	3.2.1.1.3.3
8	6.2.2.1.2
9	1.1.1.1.3
10	1.2.1.2.2.1.3
11	4.4.3
12	2.3.3
13	6.3.1.1
14	7.1.2.1
15	4.3.1.2.2.1
16	1.1.3.1.4
17	2.1.1.3
18	1.1.1.2.1.1
19	2.3.2.1.3.1.1
20	1.7.3.2.1
21	2.1.1.1
22	1.4.2
23	2.1.1.4.2
24	5.4
25	1.1.2.1
26	1.1.1
27	3.1.1.1.3
28	2.1.1.2.3.2
29	1.6.1.1.2
30	2.3.3.3

53. 20x30 - Thinker

Column	Clue
1	1.1.3.2.1.1.3
2	2.1.1.1.1.2.3
3	4.8.1.2.1.1
4	3.1.6.1.1.1.2
5	1.6.3.1.1.2.7
6	4.9.2.1.3
7	1.2.4.1.1.2
8	2.5.1.1.1.2.2
9	1.5.2.1.1.1.1.2.1
10	4.3.3.1.1.1.2.2.2
11	1.1.1.2.1.2.1
12	1.1.3.1.2.1
13	1.1.3.1.1.4.1.2
14	1.5.1.1.5.6
15	11.1.4
16	2.9.6.1.2
17	1.1.1.1.6.1.1.4
18	15.1.1.3
19	1.2.1.1.1.3.3
20	2.8.1.2.1.1.2

Row	Clue
1	1.1.1.4
2	3.1.2.4.1.1
3	3.1.1.1.1
4	4.1.6
5	9.3.3
6	1.8.1.1
7	4.2.2.4
8	1.1.3.3.4.1.1
9	1.1.3.1.4.3
10	4.1.1.1.2.1.1
11	8.2.1.1
12	8.3
13	7.1.1.1
14	2.6.3
15	1.1.1.3.1
16	5
17	1.1.1.1
18	4.1.2.2.5
19	1.2.3.1.2
20	6
21	3.3.5
22	4.3.4
23	8.1
24	1.1.2.1
25	4.1.1.1
26	2.1.7.4
27	2.8.1.1.1
28	1.4.2.4
29	11.1.3
30	1.2.1.1.3

54. 20x30 - Thinker

Column	Clue
1	1.6.1.1.1.2.2.1.1.1.1
2	4.1.6.1.2.1.1
3	4.4.9.1
4	1.3.6.1.2
5	3.1.1
6	9.3.4.2
7	1.1.1
8	4.2.2.2.2.1.3
9	2.2.2.4.5
10	2.8.3.1.1.1.1.1
11	1.3.1.2.1.1.1.3.2.1.1
12	1.2.1.1.3.4
13	2.5.4.5
14	2.1.2.6.2
15	2.1.2.1.1.1.2.1
16	3.1.1.1.1.1.1.1
17	2.10.10.2
18	1.1.1.2.1.1.1.1.3
19	8.2.4.1.2.1.2
20	1.2.1.8.2.1

Row	Clue
1	1.1.1.1.1.6
2	2.1.1.1.4.1
3	3.1.2.3.1.3
4	2.1.3.1.1.1
5	1.1.1.2.1
6	2.1.1.4.1.1
7	1.1.1.6.1.1
8	1.1.2.2.5.1
9	1.1.1.1.4.1.2
10	1.1.1.1.1.1.1
11	1.1.1.1.1.2
12	3.1.1.3
13	2.1.3.3.1
14	2.1.1.1.1
15	1.3.1.2.5
16	9.2
17	5.1.1.4
18	1.2.1.1.1
19	4.1.7
20	2.1.3.1.1
21	3.5.4
22	3.2.4.2.2
23	2.4.2.1
24	1.1.1.1.1
25	1.3.2.1.4
26	1.9
27	1.4.1
28	6.6.1
29	1.1.2.2.4
30	1.1.1.2.5.1

55. 20x30 - Thinker

Column	Clue
1	1 1 1 4 4 1 1 3 1 2
2	2 1 2 1 1 1 1
3	1 1 1 1 3 1 6 1
4	2 3 3 1 1 1 1 4 1
5	1 1 1 1 4 3 7 2
6	1 1 8 1 1 1
7	1 2 2 1 1 2 2
8	1 1 1 1 1 4 2 3 3
9	2 2 4 6
10	2 1 1 2 1 2 3
11	5 4 2 1 2 2 1
12	7 7 2
13	2 1 1 2 1 2 2 1
14	1 2 1 3 1 1 1 1
15	4 1 3 1 2 4
16	1 2 4 1 2
17	5 1 4 6 1
18	2 3 1 2 1 1 1
19	1 4 1 6 4
20	3 3 6 6 3

Row clue
2.1.1.2.1
1.1.9.1.1
1.4.4.4.1
1.8
1.3.3.2.1.1
1.1.2.3
1.1.1.1.1
1.1.1.1.1.1.1.2
1.1.1
1.3.1.1.1.1.2
2.1.4
3.1.3.1.1
1.5.1.1.2.3.1
3.9
2.1.1.1.2.4.1
2.5.4
2.7.1.1
5.2.2.1.2
1.1.1.1.2
4.1.1.1.2.1.2
4.1.2
4.1.1.2
3.1.1.3.3.1.1
1.1.2.4.1.1.1
5.3.3
3.5.1.2.2
1.3.3.3.1
1.1.1.1.1.5
1.1.1.2.6
1.5.1

56. 20x30 - Thinker

Column clues (left to right):

Column	Clue
1	1 1 1 1 1 3 1 3
2	3 3 1 1 4 2 3 2
3	3 1 1 4 3 4 1 1
4	1 1 2 1 1
5	1 1 1 8
6	5 2 7 1 6
7	2 1 6 1 1 2 2 2
8	6 2 1 1 1 1 1 1
9	1 1 1 1 1 1 1 4
10	2 2 1 2 6 3 1 2
11	1 1 1 1 7 2
12	1 2 1 1 6 4
13	10 3 1 1
14	1 1 1 1 2 1 2 1 2 2 2 3
15	1 1 1 1 1 1 1 1 1
16	2 8 1 3 1 2
17	1 1 1 1 1 1
18	1 1 1 5 1 1 3
19	1 4 2 1 1 4
20	1 9 9 1 1 1

Row clues (top to bottom):

Row	Clue
1	2.2.1.7
2	3.2.1.1.1
3	2.1.1
4	1.1.1.2
5	1.1.5.1.1.2
6	2.2.2.6
7	1.1.2.1.2
8	1.1.4.1.1.5
9	4.6.1
10	1.1.2.1.1
11	5.5.1.1.1.1
12	3.3.1.1
13	2.2.2.2.1.1.1
14	1.1.1.3.1
15	2.3.2.2.2
16	4.1.1.2
17	1.1.1.2.3
18	2.6.2.1.1
19	1.4.1.1.1
20	3.3.3.1
21	2.8.1
22	1.1.1.3.3.2
23	4.4.1
24	4.1.2.2
25	3.5.1.2
26	2.1.1.2
27	2.2.3.1.1.1
28	2.4.1.2.1.5
29	1.5.2.1.2
30	1.4.1.1.2.2.1

57. 20x30 - Thinker

Column clues (left to right):

Column	Clues
1	2 7 1 1 1 6 1 1
2	1 1 5 3 1 4
3	4 4 6 4
4	1 2 1 1 1 5 1 1 1 1
5	3 2 1 1 2 2
6	2 1 6 6 2
7	8 4 3 2 1 1
8	2 2 2 2 3 6
9	1 3 2 1 2 1 1
10	6 2 1 2
11	7 1 1 1 5 1
12	1 1 7 1
13	3 1 2 1 1 3 1
14	4 4 3
15	4 3 4 1 1 3 1 1
16	2 1 4 1 1 2 1 1
17	1 1 2 1 1 6
18	4 2 3 2 2 1
19	6 6 1 2 1
20	2 2 2 1 2 7

Row clues (top to bottom):

Row	Clues
1	1.5.1.1.1.1.2
2	1.1.3.1.2.5
3	1.1.1.6.3
4	3.1.3.3.2
5	1.1.1.2.3.1
6	1.2.2.1.3
7	1.1.1.1.1.1.1.1
8	1.2.3.1
9	2.2.1.1
10	1.2.1
11	2.3.1.1.1
12	1.1.3.1.2
13	3.2.1.3
14	7.3
15	4.1.1.4
16	4.9
17	2.2.1.1.1.5.1
18	1.1.4.6
19	2.2.1.1.4
20	1.2.3.1.2.2.1.1
21	1.1.1.1.1
22	1.2.3.2.3.1
23	1.1.2.1.1.1.4
24	3.2.4.2
25	1.1.6.3.1
26	4.3.1.1.1.1.1
27	2.1.2.1
28	3.2.1.1.1
29	3.1.1.2
30	1.4.1.1.1.1.1

58. 20x30 - Thinker

Row clue \ Col	4 1 1 1 8 1 3	1 1 1 1 1 1 1	1 1 5 7 1 1 1	5 1 1 1 1 2 1	1 1 8 2 1	2 12 3	4 3 1 1 1	8 1 1 1	3 2 2 1	3 1 3 1 1 2 3 1	1 6 2 1 4 1 3	1 1 2 4 1 1 1	1 2 4 6 1 1 2	1 1 3 3 1 1 1	1 1 1 1 7 1 6	4 2 1 5 4 3 1	1 1 1 1 2 1	1 3 3 5	2 8 2 1 5 2 1	1 1 2 1 1 1
9																				
1.3.2.1.1.2																				
1.1.2.1.2																				
1.1.2.1.4																				
1.1.3.1.3																				
5.1.2																				
2.2.2																				
4.2.1.4.2																				
1.1.2.4.1.1																				
4.2.1.3																				
3.1.7.3																				
1.1.5.1																				
2.4.2.1.2.1																				
1.2.1.1.4.1																				
2.2.5.4																				
5.4																				
1.1.1.6.2.2																				
1.1.1.2.1																				
1.1.1.1.1.1.1																				
1.1.1.7																				
1.1.3.1.1.1																				
1.5.3.1.2																				
1.3.3																				
1.1.3.1.1.4																				
1.1.1.1.2.1																				
1.1.2.1																				
1.9																				
4.2.1.2.2																				
1.2.1.2.1.1.2.1																				
3.1.4																				

59. 20x30 - Thinker

Row clues (top to bottom):

- 4.9.2
- 1.3.7.3
- 1.1.1.2.1.3
- 1.1.3.3.2
- 1.1.2.1.4
- 4.4.1.1.1
- 1.4.2.1
- 4.2.1.1.1.2
- 1.1.1.1.1.1
- 1.4.2.1.2.1
- 1.2.5.1.2.2
- 3.1.1.2.1.3.1
- 1.1.2.1.5.2.1
- 6.2.2
- 1.1.3.1.1
- 1.3.2.2.1.2.2
- 2.4.1.1.1
- 2.1.2.4.3
- 1.1.1.4.2.1
- 1.2.1.2
- 1.1.1.1.2
- 1.4.1.1.2.1
- 1.3.1.2.2.1.1
- 2.1.2.2.1
- 1.1.1.1.1.1
- 1.2.1.2.1
- 1.1.1.1.1.1
- 1.1.1.1.9
- 1.2.6.1.3
- 1.1.4.3.1.2

Column clues (left to right):

1. 2.3.1.2.1.1.5
2. 1.1.1.7.3.1.3
3. 1.1.1.2.1.1.2
4. 1.1.1.1.1.2.2
5. 1.1.6.4.2.3.1
6. 2.2.2.2.2.3.2
7. 3.5.1.2.2.4.1
8. 1.3.1.2.5.1.2
9. 2.2.1.1.1.3
10. 5.2.5.1.1.1.3
11. 4.1.1.1.1.2.1.1.3.2
12. 2.1.1.1.1.2.2.1.2.1
13. 2.4.1.2
14. 2.7.5.1.1.2
15. 3.1.1.1.1.1
16. 1.3.1.2.1
17. 3.3.3.10.2
18. 3.1.1.1.3
19. 5.1.1.1.1.9
20. 1.3.10.1.1

60. 20x30 - Thinker

Column clues (left to right):

1. 1 1 1 5 1 1 2 2 4
2. 3 1 1 2 1 1 1 3 1
3. 1 2 1 1 1 1 1 1 1
4. 1 5 11 1
5. 5 6 1 1 1 1 1 1 2
6. 3 6 1 2 2 1 7
7. 1 1 1 5 1 5 4
8. 4 4 2 2 2
9. 1 2 1 3 1 2 1 1 1 2 3
10. 1 1 1 7 1 1 5 3
11. 1 1 1 1 1 1 5 2
12. 1 1 1 1 1 1 2 8
13. 2 2 2 8
14. 1 5 2 3 1 1
15. 2 1 1 1 8
16. 3 1 1 3 7 1
17. 5 1 1 1 4 1 1
18. 8 4 1 4 1
19. 1 9 1 2
20. 1 5 1 4

Row clues (top to bottom):

Row	Clue
1	1.4.1.3
2	1.2.6.3.1
3	7.1.4
4	5.1.1.2
5	4.2.2
6	4.1.1.1
7	3.4.1
8	9.1
9	1.2.1.1.1.1
10	1.2.2.2.1.1
11	1.1.4.2.1.3
12	3.3.2.1.1.1.1.1
13	1.1.1.6.1
14	7
15	1.2.1.1.1.1
16	1.2.2.1.1.1
17	3.2.2.1.3.1
18	1.2.3.1.1
19	1.1.2.3.2.1.2
20	1.4.1.4
21	2.1.1.1.2.2
22	5.1.2.3
23	3.5.2.1.2
24	2.3.2.2.1.1
25	2.1.6.1.1
26	1.7.2.1
27	7.1.1.4
28	1.2.1.2.1.1
29	1.4.2.2.1.2.2
30	1.2.2.1

61. 20x30 - Thinker

Column clues (left to right, top to bottom):

Column	Clue
1	1.1.1.1.5.4.4.1.1.1.1
2	2.4.1.1.1
3	2.1.8.1.1.1.1
4	1.1.2.1.4.2.1
5	2.2.2.2.7
6	1.2.1.1.1.1.8.1
7	1.3.3.3
8	4.3.13.1
9	1.1.3.8
10	1.1.1.1.1.2.1.2
11	1.3.2.1
12	2.3.1.3.3
13	1.1.6.1.5.2.1
14	1.1.1.1.1.1.1.1.1.1.2
15	5.1.2.1.1.1
16	2.1.1.1.2.1.1.2.1
17	1.4.8.5.1.1
18	3.1.9.3.1.1.3
19	5.5.1.10.1
20	1.1.2.5.1.1.1.1.1.1.1

Row clues (top to bottom):

Row	Clue
1	2.1.1.1.1
2	2.1.1.2.3
3	1.1.1.1.8
4	2.1.1.1.4
5	1.2.2.2.1.1.1.1
6	1.8.1
7	1.2.1.2.2
8	1.1.1.1.3.1.2
9	2.1.4
10	2.1.1.2.4
11	4.1.4
12	1.1.1.1.5.1
13	1.1.1.1.1.2.1
14	2.3.2
15	1.2.4.1.2.3
16	1.1.3.1.1.4.1
17	1.2.2.7.1
18	1.1.1.1.1.4
19	1.1.1.4
20	2.3.1.1.4
21	1.3.1.1.1.1.1.1
22	4.3.1.5
23	1.5.2.1.1
24	4.4.1.2
25	1.4.2.1.1.1.1
26	3.1.5
27	7
28	3.1.1.1.1.3
29	1.2.1.1.1
30	1.2.1.2.7

62. 20x30 - Thinker

Column	Clue
1	3 1 1 2 2 1 4 4
2	1 1 1 9 2 1
3	3 6 1 1 1
4	2 5 5 1 1 1 1 1 1
5	1 1 2 1 1 1 1
6	2 2 3 3 3 2 3
7	6 1 5 1 1 1 1
8	8 3 1 1 1 1
9	1 1 9 6 1 1 2
10	1 2 1 8 1 6 1
11	5 1 1 4 1 1 1
12	5 1 3 1 1 2 1
13	4 2 1 1 1 1 2
14	1 1 1 1 1 1 2
15	1 1 1 1 1 2
16	4 2 1 1 11 2
17	1 5 1 2 2 8
18	2 1 1 1 1 1
19	1 2 1 1 1 1 7
20	1 5 2 2 3 1 1

Row	Clue
1	2.2.5.4
2	1.1.3.2.1.1
3	1.1.5.1
4	3.2.5.2
5	3.3.2.1
6	2.4.2
7	2.3.2
8	10.1.1
9	3.4.1
10	1.2.1.2.3.3.2
11	2.3.2.2
12	4.2.4.1.2.1
13	6.4.2.2.1
14	1.1.6.1.1.1
15	2.2.2.2.2.2.1
16	2.1.1.1.4
17	1.1.2.1.1
18	9.2.2
19	1.1.1.4.1
20	1.2.2.1.1
21	1.1.2.1
22	2.4.3.2.2
23	4.2.3
24	1.2.2.1.1.2.2
25	1.1.1.1.1.2.1
26	2.1.2.1.2
27	1.1.1.5
28	1.1.1.2.1.5.1
29	1.1.1.1.1
30	1.3.1.1.1.1

63. 20x30 - Brain

Row clues (top to bottom):

- 1.1.1
- 1
- 2.1.2.2.1.1.1
- 2.1
- 1.1
- 2
- 1.1.1.1
- 1
- 1.1.1.1.3.1.1
- 3.1.1.3
- 1.3.1.1
- 2.2.1
- 1.7.1.4
- 2.3.3.5
- 1.1.1.1.1
- 1.4.1.1
- 1.2.1.2.1
- 1.1.1.1.1.3.1.2
- 1.3
- 1.3.1
- 2.2.1.1.1.1
- 2.2.2.1.2.1.3
- 1.2
- 1.1.1
- 6.1.1.1.2.1
- 1.1.2.1
- 2.1.1
- 1.3.1.1.2
- 1.3.1.1.1.2.2.2
- 1.2

64. 20x30 - Brain

6 1 1 2 1 3 2 4	2 1 1 1 1 1 1 1	2 1 1 2 1 2 1	1 4 1 1 1 2 2	4 1 1 1 1 2	1	2 1 1 1 1	1 2 2 1 5 1 1 1 1 1	1 1 1 4 1 1 1 1 1	1 2 1 6 1 1	1 1 1 3 4 1 2 1 1	2 1 1 8 1 1	2 2 1 3 2 1 1	1 1 1 2 2 2 2 1	1 1 3 3 3 2 1 1	2 4 4 2 2 6	2 1 1 1 2 1	1 1 1 1 2 2 1	1 1 1 3 4 1 1	1 1 1 11 1 1

3.4.3.1.1
4.1.3.1
1.1.2.2
4.2
1.1.2.1.1.1.1
1.3.2.3
2.1.2.2.2.1
1.3.3
2.2.3.1.1.1
1.1.2.2
2.5
1.2.3.2
1.2.2
4.1.3.1.1
1.1.1.2.3.1
1.1.2.2.2.2
1.2.2.1
1.1.1.5
2.1.1.2
2.1.4.2
1.1.1.1.2.4.1
1.1.4
1.1.1.2
1.2.1.1
2.2.1.3
3.3.2.1.1
4.2.1.1
1.2.1.1.1
1.2.1.6.1.1.1
4.1.1.1.1

65. 20x30 - Brain

Row clues (top to bottom):

- 1.3.1.7
- 1.1.1.2.4.1.1
- 1.3.1
- 1.1.1.2.4.1.1
- 1.7.1
- 1.1
- 2.1.1.1.2.2
- 1.3
- 2.1
- 1.1.2.3
- 2.4.1.2
- 3.2.1
- 2.5
- 2.1.2.1
- 1.2.1.1
- 1.7.1
- 1.1.1.1.4.3
- 1.1.1.1.5
- 1.1.1.2.1.3
- 1.2.2.1.1.1
- 1.1.1.2.1
- 1.2.1
- 2.1.1.4
- 1.2.4.2
- 1.1.2.2.1
- 5.1.2.7
- 1.1.2
- 3.2.1.2.1.4
- 4.3
- 1.3.1

66. 20x30 - Brain

Row clues ↓ / Col clues →	5 1 1 1 2 1 1	1 1 2 1 1 1 1	3 1 1 1 2	2 3 1 2 1	2 1 1 2	1 1 1 1 1	1 2 2 1 1	1 1 1 2 1	3 1 2 2 4 1	5 4 1 1	10 2 1 1	2 1 3 1	2 3 1 1	1 3 1 2	1 6 1 3	3 1 1 3 2 4 2 1	1 2 1 1	1 2 1 1 2	5 2 1 1 1 5 1	1 3 1 2 1 2 4 2
1.1.1.1.1																				
1.4.1.1.1.2.1																				
2.2.2.3.2.3																				
1.3.1																				
1.2.2																				
1.1.5.1.1																				
1.1.1.2.1																				
2.1.7.1.1.1																				
1.1.1.1																				
1.3.1.1.2																				
2.3																				
1.3.1.1																				
1.1.1.4																				
1.5																				
8.3																				
1.1.1.1.2.3																				
1.1.2																				
1.2.1																				
2.2.1.1																				
1.1																				
2.1.1.2.1.3.1																				
1.1.2.1.1.1																				
2.1.2																				
1.1.1																				
1.1.1.3.1																				
1.5																				
1.1.3																				
2.2																				
1.4.6																				
4.3.1																				

67. 20x30 - Brain

Row clues (top to bottom):

- 1.1.1.1
- 3
- 1.3.2.1
- 1.1.1.7
- 2.1.7.1
- 2
- 1.1.1.2.3
- 1.1.1
- 2.1.1.1
- 1.1
- 1.1.1.1.1
- 1
- 1.1.3.1.1.1.1
- 1.2.2.1.2
- 4.1.2.2
- 2.1.2.2.1.1
- 4.2.9.1
- 1.2.2.1.2.4.1
- 1.2.2.2.1.1.1.1.1
- 3.1.5.3.1
- 2.1.2.1.3.3
- 2.1.1
- 1.2.1
- 2.1
- 4.1.3.3.1
- 4.1.1.1
- 1.1.1.3.1.1
- 1.1.2.1.1
- 2.1
- 4.1.1

68. 20x30 - Brain

Row clue	C1	C2	C3	C4	C5	C6	C7	C8	C9	C10	C11	C12	C13	C14	C15	C16	C17	C18	C19	C20
Col clues	4 2 1 2 1 1	1 1 3 1 1 2	1 1 2 1 1 2	1 1 2 1 2 1	1 2 1 2 1 1	1 4 1 1	1 2 1 1 1	4 1 2 1	3 1 1 5 3	3 1 1 1 1 1	4 1 4 5 4 1	1 2 1 1	1 1 3 1 6	2 7 1 1	2 2 1 1 2	1 1 3 3 4 1	1 1 6 2 1 1 5	3 1 1 1	2 1 1 2 2	1 2 1 9 1 1
7.1.1.1																				
1.2.3.1																				
1.7.1																				
1.2.2.1.2.1.2																				
9.1.1.3																				
3.1.1																				
1.1.1.2																				
2																				
2.1.2																				
1.3.2.2.1																				
1.2.1.2.2.1																				
1.1.1.1.1																				
2.1.1																				
5.1.2																				
1.1.1.2																				
1.1.1.1																				
1.1.1.1																				
2.3.1.1.1.2																				
1.1.1.1																				
1.8																				
3.1.1																				
2.1.1																				
3.1.7																				
1.2.1.1.1																				
1.2.3.2.3.1																				
1.2.1																				
1.9.1.1																				
3																				
1.1.2																				
2.2.6.1.2																				

69. 20x30 - Brain

Row	Clue
1	1.4.1
2	4.4
3	2.1.1.7.2
4	1.2.1
5	2.1.1.1.2.4
6	1.8
7	2.1.1
8	1.1.1
9	1.2.3
10	1.1.1.1.2.1.1
11	1.2.1
12	3.1.1
13	1.1.5.1
14	7.1.2.2
15	2.1.4.2
16	3.3.4
17	3.2.1.3
18	2.4.1.1.2
19	1.4.3.1.1.1.1
20	1.1.2.2.1.1.1.1
21	2.2.2.1.1
22	1.1.1.1.1
23	1.1.1
24	2.1.1.1
25	1.1.2.2
26	4.3.1
27	1.1.1.2.1.1
28	1.1.1
29	1.1.1.1
30	3.2.1

Column clues (left to right):

1. 2.1.1
2. 2.1.4.1.5.5
3. 1.1.1.1.2.1
4. 8.1.1.7.1.1
5. 3.2.3.3.1.1
6. 2.1.2.1
7. 1.1.2.2.1
8. 2.1.1
9. 1.1.1.1.4.3.1.5.1.1.1.2
10. 1.1.10
11. 1.2.2.1.2.1
12. 6.1.4.1.2
13. 4.1.1.1.1.1
14. 3.1.1.1.1.2
15. 8.12.1.1
16. 2.1.2.3
17. 1.1.1.2.1
18. 1.1.2.2.1.3
19. 1.2.2.1.1.2
20. 1.2.1.1.1.2

70. 20x30 - Brain

Column clues (left to right):

Column	Clue
1	1 1 1 1 1 1 2 1
2	1 2 1 1
3	2 4 1 1 1
4	1 1 2 4
5	2 1 1 1 2
6	1 1 1 2 1 4 1 2 2 4
7	2 1 2 1
8	1 1 2
9	7 1 4
10	3 1 2 1 4 1 1 2 1 4
11	1 2 1 1 2 1 1
12	2 2 2 6 1
13	1 2 1 1 1 1
14	2 1 1 1 1 2 1 2
15	2 3 3 2 1 2 1
16	1 1 2 1 2 1 3
17	1 4 1 2 3 1 1
18	4 5 1 3 2 3 2 1
19	1 3 1 2 1 1
20	2 2 1 1 3 1 5

Row clues (top to bottom):

Row	Clue
1	1.3.2.1
2	1.1.2.2.7
3	1.2.2.1.1
4	1.1.1.1.4
5	1.1.2.1.1.1.1
6	1.2.1.1.1.2
7	1.2.3
8	1.2.1.3
9	2.1.2
10	1.2.1.2
11	1.3
12	4.1.1.1.1.1
13	2.1.2.1
14	1.3.3.1.1
15	1.3.2
16	2.1.3.3
17	4.1.1.3
18	2.1.1.1.1
19	1.2.1.1
20	1.1.4
21	1.3.2.2
22	2.2.1.1
23	1.1.3.1.1.1
24	1.4.2.1.1
25	1.2.1.1.1.1
26	1.3.1.3.1.1
27	1.1.1.4.2
28	1.1.1.5
29	1.2.4.1
30	3.1.1.1

71. 20x30 - IQ

	1 2	1 3 3 1 1 1 1 1	1 1 3 2 1	1 1 1 2 1 1 2	1 1 5 1	3 1 1 1 3 1 4	1 1 1 3 1	5 1 1 2 1 6	1 4	2 1 1 5 2 2 1 3 3	2 1 1 2	2 1 2 1	1 1 1 3 2 4 1	5 1 3 1	1 2 1 1 2 1	2 5 2 1 2	3 1 4 1 2 1	1 8 1 1 1	3 6 1 2 3 1	1 1 2 5 1 10
2.1.1																				
1.2.2																				
1.3.1.1.1																				
1.1.1.2																				
2.3.1																				
1.1.1.1.3																				
1.1.2.1.2																				
3.1.1.3.2																				
1.2.4.1																				
1.1.1.2.2																				
1.2.5																				
1.2.1.2.1.1																				
1.1.1																				
7.1.2.3																				
2.1.1.1.1																				
3.1.1																				
1.1.1.1.1.1.1																				
1.1.2.3.3																				
1.4																				
2.1.1.1.1.2.2																				
4.1.2.1																				
1.1.1.1.2																				
4.2.1.3																				
2.1.2.2.2.2.2																				
2.2.2.1.1.1																				
1.2.2.3																				
1.1.2.1.1.1.1																				
8.2.1																				
1.4																				
1.1																				

72. 20x30 - IQ

Row clues (top to bottom):

- 1
- 1.1.2
- 1.1.1.1
- 1.1.2.1.1
- 1.2.2
- 1.1.2.1.2
- 1.1.1
- 1.1.2.1
- 1.1.2.2
- 1.1.1.1
- 1.1.1.4.1.1
- 3.2.1.1
- 1.1.1.2.2.1.1.1.1
- 2.1.2.3.1
- 1.1.5.6
- 2.1.4.3
- 1.1.1.2.2.5
- 2.1
- 1.3.2.1.2
- 2.1.4
- 1.1.1.2.2.1
- 3.1.2
- 2.1.1.1.2
- 1.1.3.1.1
- 1.2.1.1
- 1.1.1.1
- 1.1.1.1.3
- 2.2.1.2.4
- 1.1.1.1.2.1
- 1.2.2.1.1.1

73. 20x30 - INSANE

	1 2 1 2 1	1 1 3	3 1 2 3	2 4 4 1 1	1 1 2 4 1	2 1 2 3 2 1	1 1 1 6 1 2	1 1 1 1 1	1 1 1 3 2	3 2 1 1 1 2 2 4	2 1 1 1 2 2 1 2 1	2 1 1	1 2 4 1 1 1 4	2 1 2 1 1 1	1 1 1 3 2 1 3 1 1	1 2 2 3 2 2	2 1 3 1 2 1 1	1 1 4 2 1 2 1 4	1 1 16 1	5 3 3 2 2 2
9																				
1.2.1.2.6																				
1.1.1.1																				
1.1.4.2																				
1.3.1.2.1																				
1.2.1.1.1																				
1.1.2																				
1.1.3																				
1.1.1.1																				
1.1.1.2.1.1																				
1.1.1.1.6																				
1.1.4.3																				
1.2.2.1.1																				
1.3																				
1.1.1.1.4																				
1.1.1.1.1.2																				
1.1.1																				
3.1.1.1.1																				
1.1.1.2																				
1.3.4																				
2.3.1																				
3.1.1.1.3																				
2.1.1.1.1.4																				
2.1.1.2.2																				
1.2.2.9																				
1.2.1.1																				
2.5.1																				
2.1.1.2.1.1																				
3.1.3.5																				
5.1.1																				

74. 20x30 - INSANE

Row clues (top to bottom):

- 1.3.5.1.1
- 1.3.1.1.1
- 1.1.1.1.1.1
- 2.1.1.5
- 2.1.1.1.2
- 1.2.1
- 4.3.1.1.1.1.1
- 1.2.1.1
- 2.2.3.1
- 2.3.1.1
- 1.2.1.1.3
- 1.2.2.2
- 1.1.1.1.2
- 1.2.2.1.1
- 1.2.2.1.1.1
- 3.2.2.1.3.1
- 1.6.1.1
- 1.1.1.3.1
- 4.1.1.1
- 1.1.3
- 1.2.2.1
- 1.2.6
- 1.1.1.3.1.1
- 1.1.2
- 1.1.1.1.1.1.1
- 1.1.1
- 1.2.1
- 1.1
- 1.1.3.2.1
- 1.1.5.2.1.1

75. 30x30 - Easy

Column clues (left to right, top to bottom):

Column	Clue
1	2 3 1 2 1 1 2 10
2	2 1 1 2 1 3 1 1 3 2 2
3	1 4 1 4 1 1 1 2
4	2 1 1 1 2 1 10 2
5	3 3 2 1 2 3 3 2
6	1 1 1 1 2 2 7 2
7	3 14 1 1
8	1 8 12 2
9	2 1 3 3 3 1
10	2 6 2 5 3 2 2
11	4 2 1 1 2 1 7
12	1 1 1 2 1 1 2 2 2 1 1 2
13	9 2 6 1 1 1 2
14	1 1 1 1 2 1 1 2 1 3 1 2
15	5 1 3 4 2 1 1 4
16	1 1 5 3 1 3 1 1
17	2 2 2 3 5 1 4 4
18	3 1 3 1 1 1 5 1
19	1 3 1 4 5 1 1 6
20	2 1 1 1 2 7 1 2
21	4 5 2 9 1
22	2 1 1 1 2 8 2
23	1 7 2 1 1 3 5 1
24	2 1 2 3 1 3 2 2 2 1
25	1 6 1 1 7 4
26	3 3 4 1 3 1 5
27	1 2 1 2 1 1 4 4 4
28	10 4 1 4 1
29	1 1 1 2 5 5 2
30	14 1 8

Row clues:

8.10.2.4
2.2.1.3.1.1.2.3.3.1.1
1.1.3.6.6.5
4.1.1.2.1.1.1.1.1.3.2.1
1.1.1.2.1.2.3.5.2.3
8.2.2.1.1.6.1
1.7.2.8.3
4.2.1.7.1.1.1.4
1.7.1.1.4.6.1
1.1.3.1.2.3.2.1.1.1.1
4.2.3.3.1.3.2.2.2
5.1.2.6.2.2.3
3.1.1.1.1.2.1.4
2.3.5.4.1.1.1.3
2.4.2.4.1.2.1.2.4
5.1.1.4.3.2
5.2.1.4.1.2.1.1.2
1.2.2.1.9.1.3.1
1.2.1.1.3.2.1
1.1.1.14.1
2.1.1.1.1.2.2.1.4.1.4
6.1.3.1.3.7.1
2.6.1.3.3.1.4.1
1.4.2.2.1.3.2.1.2.1.1
2.1.1.2.1.1.1.1.1.1.2.1.1.1
2.1.1.1.3.1.1.2.1.2.1.1.1
1.1.2.1.2.1.1.1.1.1.1.1.2.1
1.1.1.1.1.1.1.1.1.2.2.1.1.2
2.1.1.1.1.1.2.1.2.1.2.1.2
2.1.1.1.1.1.2.1.1.1.1.1.2.1

76. 30x30 - Easy

Row clues (top to bottom):

- 1.2.2.1.2.1.3.2.1.1.2.1
- 1.1.2.1.4.7.2.4
- 1.1.2.1.3.1.1.1.3
- 1.2.1.5.7.3.3
- 4.1.1.3.3.3.6
- 1.1.1.1.1.2.1.1.1
- 7.1.2.3.2.2.6
- 1.7.6.1.3
- 7.1.1.1.3.4.2
- 7.3.1.1.2.2.2.3
- 1.1.3.4.2.1.1.2
- 7.7.5.2.1
- 5.1.2.1.1.1.1.6
- 1.1.1.1.1.2.1.2.4.3.2
- 4.2.3.5.4.2.2
- 2.1.1.3.1.2.1.1.2
- 2.2.1.1.2.2.2.11
- 5.2.1.1.1.3.1
- 1.1.3.2.1.2.2.4.6
- 3.6.1
- 1.2.5.4.5.6
- 2.1.2.2.4.1.1
- 3.3.6.1.3.1.6
- 1.1.3.1.3.4.2.2.1.3
- 6.1.1.1.2.1.3.1.1
- 1.1.1.1.1.1.2.2.1.1.1.2.3
- 3.2.1.1.1.4.3.1.1.2
- 2.1.2.1.1.2.1.2.1.1.1.1.2
- 1.2.1.1.2.1.1.2.1.1.1.2.2
- 3.2.8.8.4

Column clues (left to right):

Col	Clue (top to bottom)
1	2.1.2.1.2.2.1.1.2.1.3
2	1.1.1.1.2.1.1.2.1.2.2.1
3	1.2.2.2.1.4.10.2
4	2.2.1.2.2.1.2.3
5	1
6	10.1.4.4
7	2.1.1.1.2.2.2.4.4
8	3.1.4.1.1.1.2.1.6.1
9	2.2.1.2.1.3.2.1
10	2.1.3.1.2.1.1.6.1
11	1.1.1.2.2.3.2.2
12	5.4.4.10
13	2.2.3.1.4.4.1
14	1.1.1.2.1.2.2.1
15	2.1.1.1.3.6.1.1.3
16	1.1.7.1.1.1.1.1.2
17	7.2.1.3.1.5.1
18	5.1.5.2.9.1.4
19	11.2.1.4
20	1.1.3.1.2.2.1.4.1
21	2.2.2.3.1.2.2.2.1
22	3.1.3.1.2.8.2.1
23	1.2.4.1.4.1.2.12
24	1.2.4.2.1.1.2.1
25	1.1.2.1.1.1
26	3.1.2.1.4.1.2.1
27	1.6.9.4.1
28	3.1.1.1.1.1.1.1.1.1.4
29	8.1.1.1.1.1.2.1.1
30	4.2.1.2.2.1.4.5
31	2.1.3.1.3.2.1.1.2.5

Row clue	1 1 1 1 1 2 2 2 1 1 1 1	1 4 1 1 1 1 1 1 2	2 1 1 2 3 2 1 1 2 1 4	8 1 1 3 2	1 2 1 8 1 3 4 2	2 6 1 2 1 1 3	1 1 2 2 3 4 1 1 1	2 1 3 1 2 9 1 1 3	1 1 2 2 2 1 1 1	4 8 1 1 1 1 4 3	3 1 1 1 1 3	1 2 1 1 1 1	1 1 2 2 5 1 2	8 1 1 1 1 2 1	1 1 1 1 1 10	8 1 1 1 1 5	1 1 1 1 1 7 1 2 1	6 2 3 3 2 1 5	1 3 2 2 1 9	1 1 1 1 4 1 3	4 1 1 1 1 1	1 1 1 1 6 5 1 1	2 2 5 2 3 1 8	7 5 1 1 2 2	1 1 1 3 6 2 2 1	2 1 1 1 4 1 2	2 1 4 2 2 4	3 1 2 3 1 5 2	3 2 1 1 2 1 8	3 1 1 5 7	3 1 1 8 5
1.2.3.1.1.7																															
2.1.1.1.1.7.3																															
6.1.5.1.4																															
2.1.1.1.4.2.1																															
4.3.1.1.4.1.3.1.1.2																															
1.4.1.2.1.1.1.1.6																															
12.6.1.1																															
1.8.1.1.1.2.3																															
1.1.2.13.1																															
3.4.1.1.2.9																															
1.2.1.1.1.1.1.1.1																															
1.1.4.1.1.1.6.3.2																															
1.1.4.1.1.1.1.1.2																															
7.1.1.1.3.1.2.3																															
1.1.5.2.1.1.6.1.1																															
1.1.3.1.1.1.3.7																															
1.3.1.1.1.1.2.3.7																															
1.1.2.1.1.7.1																															
2.2.6.1.3.1.6																															
1.2.1.1.2.2.1																															
1.2.10.1.1.1.1.1																															
1.1.1.1.1.1.4.1.1.1																															
2.2.1.2.8																															
6.1.1.8																															
3.4.3.6.3																															
2.1.1.5.1.5.3																															
2.6.2.2.7.2																															
9.5.4																															
5.1.2.1.2.1.1.4.4																															
1.1.2.2																															

78. 30x30 - Cool

Column clues

Column	Clue
1	1.1.2.11.1.3
2	1.1.1.1.6.1.3
3	1.3.1.1.1.5.1.3.2
4	1.4.6.1.5.2.2.1
5	1.1.1.3.1.4.8.2
6	5.1.2.2.2.2
7	1.1.1.1.1.1.3
8	3.1.2.4.5.6.1
9	1.2.1.2.2.1.1.2
10	2.1.4.5.1.2
11	1.12
12	1.4.2.4.2.2.2.1
13	1.4.5.1.6.1.4
14	1.1.2.1.1.2
15	12.1.2
16	6.2.2.1.3.1
17	2.1.5.2.3.1.4.1
18	8.3.1.1.5
19	1.1.11.1.2
20	2.1.1.1.1.1.1.1
21	1.5.1.2.2.2.3
22	1.1.5.2.2.3
23	4.1.1.6.2.7
24	2.2.3.4.2.2.5
25	1.4.2.1.1.4.1.2
26	3.2.2.2.2.2
27	3.2.1.11.1
28	5.3.14.1
29	3.1.4.2.1
30	2.1.2.4.1.1.1.4.1

Row clues

Row	Clue
1	8.2.4.1.1.1
2	1.1.4.2.1.1
3	1.3.2.2.2.1.6
4	2.1.1.5.1.2.4.1
5	1.5.2.2.2.1.1.5
6	4.2.2.11.1.1
7	1.1.1.1
8	13.1
9	2.1.2.1.1.1.4
10	4.1.1.1.3.3.1
11	1.2.1.1.1.1.1.1.4
12	1.1.1.1.1.1.3.2.4
13	1.3.1.1.1.1.4.5.3
14	1.1.6.1.1.3.3.2
15	5.5.1.1.6.3
16	1.1.2.2.1.2.3.2
17	4.1.1.2.1.2.2.1.1.1.2.1
18	5.6.2.1.1.1.2
19	5.6.1.1.2.1
20	2.3.1.2.2.9.2
21	12.1.1.5.2
22	1.1.3.1.1.6
23	1.1.1.1.7
24	7.3.1.2.4
25	6.1.3.1.3.3.6
26	1.1.9.3
27	4.1.1.4.2.3
28	10.1.1.12
29	2.3.2.3.4.6
30	1.2.1.5.2

79. 30x30 - Thinker

Row clues (top to bottom):

- 9.1.1.7
- 2.3.1.7.4.1
- 1.1.1.6.6.1
- 1.1.1.1.8.2.1
- 1.1.1.1.4.1.1.1.1
- 1.1.5.2.1.3.4
- 2.3.1.7.1.4
- 1.1.1.9
- 7.2.3.7.4
- 2.1.1.1.1.3.1.1
- 9.1.3.1.1
- 2.1.9.1.5.2
- 2.1.1.1.3.1.3.2.1
- 1.2.2.3.2.6.2.1
- 5.3.1.2.1.4
- 1.1.9.1.5.1
- 11.1.5.1
- 1.1.9.1.2.2.2
- 1.5.4.6
- 1.6.3.1.3.3
- 2.8.2.1.6
- 10.1.3.8
- 1.3.2.1.1.1.1.2.1.1.1.1
- 8.1.1.1.2.1
- 2.1.1.3.2.6
- 1.1.2.1.7.1.1.1
- 3.1.1.1.1.1.1.1.1
- 1.1.4.1.1.1.4
- 1.1.1.1.1.4.1.8
- 2.1.2.2.1.1.6.1.1

Column clues (left to right):

Col	Clue (top → bottom)
1	5,1,1,1,1,2,2
2	2,1,1,1,5,2,1
3	1,4,4,1,1,3,3,2
4	1,1,1,3,2,1,1,4
5	2,1,1,2,8,6,1
6	7,1,1,1,8,3
7	1,2,1,1,11,1
8	2,1,1,10,1
9	1,2,2,1,4,3,14,1
10	1,2,2,1,9,1,1
11	1,1,1,1,7,1
12	1,1,1,3,1
13	1,2,1
14	1,1,1,12,1
15	3,1,1,8,3
16	4,3,2,2,2,1,3
17	3,1,3,2
18	7,1,3,3,2,7
19	3,1,3,3,2,5
20	1,8,1,2,1,1
21	1,1,2,1,1,2
22	2,1,2,5,1,1,2
23	1,4,1,2
24	4,13
25	5,3,1,3,5,1,10
26	3,1,11,2,1
27	4,2,2,4,1,1
28	4,1,2,1,6,1,2
29	1,2,2,1,1,3,1,7
30	3,2,3,2,1,2,1,1,3

80. 30x30 - Thinker

Column	Clue
1	3 3 1 2 2 4 1 1 4
2	1 1 2 3 1 1 1 7
3	1 1 8 1 1 1 1 2 3
4	4 6 1 2 6
5	3 2 1 10 1
6	5 4 1 1
7	9 4 1
8	1 1 10 1 1 1 1
9	1 4 2 3 1 3
10	1 1 1 3 1 1
11	1 1 1 1 10 1
12	9 1 4 1
13	1 2 1 1 6 4 6
14	5 5 1 5 1 2
15	11 2 9 1
16	2 3 1 1 2 1 6 1 1
17	4 8 1 1 6
18	2 1 14 2
19	2 3 1 2 1 1 5 1 2
20	2 1 1 1 2 1 1
21	3 2 2 4 1 1 2 2 1 2
22	1 1 1 1 1 1 1
23	1 2 1 1 8
24	1 1 1 1 7
25	4 3 1 1 4 4 1
26	1 1 1 7 1 1 4 3
27	1 1 1 1 6 2 1
28	2 3 2 1 1 1 2 4
29	4 3 2 2 2 3 7
30	2 1 1 7 2 1 3

Row	Clue
1	3.1.1.4
2	1.1.1.1.3.2.2
3	4.10.2.2
4	1.4.2.3.2.1.3
5	1.2.4.1.1.2.1
6	1.1.1.8.1.1.1.1.1
7	6.1.2.1.2.1
8	5.1.1.2.3.1.1.2.1
9	1.7.1.2.1.1.2.3
10	3.6.3.4.4
11	10.4.1.1.2
12	5.5.3.1.1.1.2.3
13	2.2.2.1.4.1.1
14	8.3.1.2.1.1.1.4
15	1.3.1.6.2
16	4.1.1.1.11.1
17	9.1.1.1.1.1.2
18	1.2.3.3.1.1.1
19	1.1.1.1.1.11.1
20	3.1.1.6.4
21	1.6.2.1.1.1.1
22	1.1.2.2.6.2.2.3.2
23	1.2.1.6.2.1.2.1.1
24	6.1.1.3.4.7
25	5.1.1.10.4
26	1.1.1.1.1.1.2.2.2
27	4.2.9.2.2
28	5.1.1.1.2.2.2
29	3.2.8.1.2.1.1
30	1.1.3.2.10.1

81. 30x30 - Thinker

Column clues (left to right, top to bottom):

Column	Clue
1	1 1 3 1 4 2 2 1
2	1 1 1 1 1 7
3	1 3 1 2 4
4	1 1 3 2
5	13 1 3 3
6	2 2 6 1
7	2 3 4 2 2 2
8	1 10 1 3 1 3 4
9	1 1 5 1 2 1 2 1 2 2
10	3 1 5 3 1 4 1 2
11	3 4 1 1 1 4
12	1 3 1 2 4 1 2 1 4
13	5 2 2 4 2 3
14	5 2 2 1 3
15	2 1 5 4 1 1
16	2 5 2 2 2 7
17	12 1 1 2
18	2 3 4 2 12
19	1 1 1 1 6 1 1 1
20	2 5 4 1 1 2 1
21	1 2 3 8 1 3
22	1 3 3 7 1
23	1 2 1 1 1 1 1 1
24	4 2 2 1 1 6 1
25	7 2 1 1 1 7 1
26	5 1 2 1 1 1 1 3 1
27	1 2 5 2 1 2 1
28	5 2 1 2 4 1 2 2
29	4 4 1 2 1 1 3 1 1 1
30	1 1 6 1 1 3 7

Row clues:

Row	Clue
1	1.7.1.2.1.2.1.1.1.1
2	2.4.9.1.1.2
3	1.4.2.1.7
4	1.1.6.6
5	1.3.3.4.3.1
6	2.1.2.1.1.3.1.3.3
7	1.3.1.8.2.1
8	1.1.6.3.1.1.3
9	1.1.4.1.1.4.1.1.3
10	1.1.1.9.4.1
11	1.17.1.1
12	2.1.2.2.7
13	1.1.1.1.1.1.3.1.5.1
14	3.5.1.1.1.3
15	1.1.1.1.3.6.6
16	1.14
17	1.3.1.8.2
18	10.3.2
19	1.3.1.1.1.7
20	1.1.1.1.2.1.1.1
21	5.1.1.1.1.1.1.5
22	1.1.10.1
23	9.1.1.2.2
24	7.1.1.1.1.1.4.1
25	6.3.1.1.2.7
26	2.1.2.1.1.2.1.1.3.3.1.1
27	2.2.15.1
28	6.7.3.1.3
29	4.6.1.1.1.1
30	2.1.2.1.1.1.1.6.2

82. 30x30 - Thinker

Column clues (left to right, top to bottom):

Column	Clue
1	1 1 1 3 3 3 1
2	2 1 1 2 1
3	2 1 1 1 1 1 2 3 4
4	2 3
5	5 1 2
6	1 1 1 1 2 2 1
7	3 1 1 2 1
8	3 1 1 2 1 1 2 4
9	6 3
10	5 3 2 1 6 1 2
11	1 2 5 1
12	3 1 1 2 1
13	1 4 3 1
14	1 2 1 1 2 3 6
15	1 3 1 1
16	1 1 3 2 1 4 1 2
17	1 1 2 1 1 1 1 1
18	4 3 2 4 2 3 1
19	1 1 1 1 1 1 1
20	1 2 2 6 3 1 3 2
21	3 1 1 3 1 1 1
22	1 2 1 1 2 4 1
23	1 3 1 1 1 1 1
24	3 1 1 8
25	1 1 1 1 1 2 1 1 1 1 1 4
26	15
27	2 1 6
28	2 1 1 2 2
29	5 1
30	1 2 4 1

Row clues:

1.1.1.5.1.1
1.1.1.1.2.1.1.1
2.2.1.1.1.1.1.1.2.1
1.1.1.1.1.1.6
1.2.1.1.1.1
1.1.1.2
1.1.1.1.1.1
2.2.4
1.1.1.1.1
2.1.1.1.3.1
1.1.2.1.3.3.1.2.4.1
1.5.5
1.1.2.1.1.2.1
1.1.2.2.5
1.1.1.8.1.1
1.1.2.1.6.1
1.2.1.1
1.2.1.1.2.1.1.2.1.2.2.1
5.5.1.1.1.1.2
1.1.1.2.6.1.1
4.1.1.1.1.5.1
2.1.1.4.1.1.1.2.3.1
2.1.1.5.1.1.1.1.1.3
1.1.1.4.2.1.1.2
2.1.1.1.4
1.1.2.1.2
2.1.6.1.1.1.1.2.4
1.6.1.1.6
1.2.1.1.2
1.1.2.3.4

83. 30x30 - Thinker

Column clues (left→right, top→bottom):

1. 7, 6, 1, 3
2. 1, 1, 10, 1
3. 1, 1, 1, 5, 1, 1, 1, 2
4. 4, 1, 2, 5, 3, 1, 1
5. 3, 3, 1, 3, 3, 8, 1, 1
6. 1, 1, 2, 1, 1, 1, 5, 2
7. 1, 2, 1, 1, 7, 1, 3
8. 6, 1, 1, 2, 1, 1, 1
9. 1, 1, 1, 4, 1, 1
10. 1, 2, 1, 2, 1, 2, 1, 1, 3
11. 1, 2, 1, 2, 1, 1, 1, 1, 1, 1, 3, 15
12. 9, 1, 4, 2
13. 2, 3, 1, 3, 4
14. 3, 6, 3, 4, 2, 2, 6
15. 4, 3, 5, 4, 2, 2
16. 1, 8, 1, 2, 2, 3
17. 6, 1, 1, 2, 1, 2, 4
18. 2, 1, 2, 2, 2, 1
19. 2, 2, 2, 2, 4
20. 5, 2, 2, 2, 1
21. 12, 2, 1, 4
22. 1, 4, 3, 4, 2, 2, 1, 1, 4
23. 3, 3, 2, 1, 4
24. 2, 3, 3, 2, 1, 2, 6, 9
25. 7, 2, 2, 3, 1, 1, 1
26. 1, 1, 1, 3, 2, 1, 1
27. 1, 1, 1, 1, 1, 1, 3
28. 1, 1, 1, 1, 3
29. 11, 1, 1, 1, 4
30. 1, 1, 10

Row clues (top→bottom):

Row	Clue
1	10.2.1.1.4.1.3
2	1.3.1.1.1.1.1.1.1.1
3	2.4.2.4.2.2.2
4	1.1.1.4.2.3.1
5	2.3.1.1.1.3.6.2
6	2.5.4.1.1.5.1.1
7	2.2.1.4.2.4
8	1.6.1.3.1
9	2.8.3.8.1
10	3.1.12.2
11	2.2.1.4.1.8
12	2.2.1.5.1.1.1
13	3.3.3.1.2.1.8
14	2.2.1.2.7.1.1
15	5.1.1.1.1.1.5.1
16	4.2.3.3.1.1.1.1
17	2.1.2.6.3.1.2.1.1
18	2.1.8.2
19	1.1.6.1.1.2.1
20	1.2.1.2.2.1.7
21	1.1.9.1.1.1.2.1
22	1.2.1.3.1.1
23	1.1.2.5.1.2.1
24	6.4.3.2.2.3
25	4.1.3.2.2
26	1.2.6.1.3.1
27	1.1.1.2.1.1.1.1.1.2
28	1.5.3.2.1.1.2.1.1
29	6.1.1.2.2.1.1.1.2
30	1.5.1.2.1.1.9

84. 30x30 - Thinker

Row clues (top to bottom):

- 5.1.1.2.2
- 1.4.1.1.11.2
- 1.8.3.1.1.1.2
- 2.1.2.2.1.1.3
- 1.1.1.2.2.2.2.3
- 1.1.1.1.1.2.3.2.8
- 1.1.1.3.1.6.2.1
- 2.1.3.1.3.8
- 1.1.3.3.5
- 3.1.1.6.1.2.1
- 3.8.1.3.1.2.3
- 3.3.3.2.3.1.1.5
- 3.3.2.1.2.1.2.3.1.1
- 1.8.1.1.4.1.2
- 1.1.1.4.1.3.1.2
- 1.1.1.1.7.1.2.2
- 1.8.1.2.1.1.2.1
- 1.1.1.6.1.1.1.1.2
- 4.1.1.1.3.2.1
- 2.1.1.1.1.2.1.2.4.2
- 1.1.1.1.4.3.1
- 1.3.4.1.4.1.1
- 1.4.2.2.1.1.2.2.1.5
- 1.1.1.1.1.7
- 1.1.12.4
- 2.2.1.4.7.5
- 2.1.7.2.2.2.2
- 1.4.1.1.10
- 2.1.1.7.2
- 5.1.1.1.1.5.1

85. 30x30 - Thinker

Row clues (top to bottom):

- 9.5.1.1.1.2.1
- 1.1.2.1.10.3
- 5.1.1.1.5.2
- 5.2.1.2.1.6
- 5.5.1.2.1.1.5.1
- 1.1.4.3.1.3
- 4.1.1.1.6.2.1.1
- 4.8.5.1.1.1
- 5.3.4.1.6
- 6.1.2.1.2.1.1.1.1
- 2.11.2
- 5.1.7.5
- 2.6.7.2.1
- 1.3.4.3.1.1.1.1.1.2
- 3.2.2.1.1.1.1.1.2
- 2.2.2.2.2
- 1.1.5.6.1.3
- 1.1.3.8.2
- 1.1.1.1.2
- 1.2.1.1.1.1.2
- 1.1.2.3.2.2.1
- 3.1.2.1.1.1.2.9
- 1.1.4.1.3.3.2
- 1.4.7.3.4.2
- 1.1.6.2.6.3.1.2
- 1.1.4.1.3.2.2.1.1.1.2
- 3.2.4.2.2.3.2
- 5.2.4.1.10
- 4.2.8.5
- 3.2.1.1.2.1.1

86. 30x30 - Thinker

Row clues (top to bottom):

- 2.1.1.2.1.1.1
- 1.3.3.1
- 1.1.1.1.1.1.8.2
- 4.2.1.1.1.2.1
- 1.1.1.1.1
- 2.2.1.1.1.1.2.1
- 1.1.1.1
- 1.1.1.1.1.2
- 3.1.1.1.1.1.2.1
- 3.8.3.2.2.2
- 2.2.1.1.1.3.1.1.1
- 1.1.2.2.4.1.2
- 1.2.5.1.4.1.1.4.1
- 2.1.2.2.1.1.1.3
- 1.4.1.1.6.1.2.2
- 1.7.1
- 2.1.1.2.1.3.8.1.1
- 1.1.1.1.1.1.2.9
- 1.3.1.1.7
- 1.1.2.1.1
- 1.2.3.1
- 1.1.1.1.1.1.3.1
- 1.1.1.1.1
- 1.1.2.2.1.6
- 8.1.1.3
- 1.2.1.1.7.2.2.1.1
- 1.1.4.1.3.5
- 1.1.1.5
- 1.2.1.2.7.3.1.2.1
- 1.1.1.1.1.1

Column clues (left to right):

1. 1.1.1.1.1.1
2. 4.2.1.3.5.1
3. 1.3.1.1
4. 1.1.1.1.1.4.1.2
5. 1.1.2.4.1.1.1.1.1.1
6. 1.1.1.1.1.2
7. 2.4.1.1.1.1.1.2
8. 1.1.2.1.1.3
9. 1.1.1.2.1.1
10. 1.1.1.1.2.1.1
11. 2.1.1.2.1.2.3
12. 1.1.1.1.1.2.2
13. 1.1.1.1.1.1.1.3.2
14. 5.6.2.1
15. 1.2.2.2.1
16. 2.1.2.4.1.1
17. 1.2.1.1.7.2.1
18. 1.2.1.1.3.9.3.3
19. 8.1.7.1
20. 1.2.1.3.7
21. 1.5.2.1.1.1.4
22. 1.1.1.1.1.1
23. 2.7.2.1.1.1.1
24. 1.1.1.1.1.1.1
25. 3.1.1.1.4.11
26. 2.1.2.1.5.2.6
27. 1.2.1.1.6.1.1
28. 2.3.3.2.7.2
29. 1.1.1.2.1.3
30. 1.2.1.1.1.1.1

87. 30x30 - Thinker

Row clues
8.1.1.1.1.1
1.4.1.2
3.9.1.3.2.1
1.14
1.4.1.4.3.3
1.2.6.1.3.1.2.4
3.1.1.1.1.2.3.1
1.4.1.2.1.1.1.2.6
1.1.5.2.4.3.4.2
2.12.2.2.2
3.2.12.2.3.1
5.2.6.2.3
2.1.3.2
1.1.1.2.1.9
3.3.4.2.3
1.1.1.2.1.2
3.8.8.2
4.2.3.5.2
3.1.2.1.1.2.1
6.5.1.1.4
8.6.1.5.2
4.2.4.3.3.5
1.1.1.1.2.1.1.1.1
2.4.6.3.2.5
2.1.6.4.1.2.1
3.4.2.1.1.1.1.1
4.2.1.1.1.9
1.1.6.1.2.11
1.1.14.2
1.1.1.1.2.3

88. 30x30 - Thinker

Column clues (each column, top to bottom):

1. 1.9.1.1.1
2. 1.4.5.1.1.3
3. 4.3.1.6.1.1
4. 3.5.1.1.1.3
5. 1.1.1.2.2.3.6
6. 1.1.1.1.8.1
7. 3.3.1.2.2.1.1.3
8. 1.2.2.1.1.3
9. 1.2.4.1.1.1
10. 4.2.1.2.1.1
11. 4.5.3.6.1.4
12. 1.10.1.10.3
13. 2.5.1.1.2
14. 2.1.1.2.1
15. 4.5.5.2.1
16. 1.1.3.3.5.3
17. 1.2.3.3.5
18. 1.3.1.3.3.5
19. 1.2.1.2.4.4
20. 1.1.2.1.5.4
21. 1.2.6.1.2.1.7.2.1.4.8.1
22. 1.1.1.2.1.1.4.3.4
23. 1.6.2.1.1.5.3
24. 1.1.1.1.5.3
25. 1.3.8.5.2
26. 3.3.1.3.9.3.1
27. 2.3.1.1.2.2
28. 1.1.1.2.1.1
29. 2.8.1.1.3.5.2
30. 2.1.1.1.1.2.1.1.1.6.11

Row clues (top to bottom):

Row clue
5.5.1.2.4.2
1.1.1.1.2.2.2.2
4.1.7.2.1.1.1
2.1.1.1.1.1.2.1.3
1.1.6.3
1.1.2.1.3.2.4.1.2.1
2.1.2.1.2.4.1.1.1
8.2.1.1.1.1
5.5.2.1.1.1.1
1.4.3.1.4
1.1.3.3.1.1.1.1
1.4.2.2.2
1.10.4.2.1
6.7.2.2.3
3.9.1.4
2.1.3.2.1.1.11
1.5.3.1.2.2.2.1.1.1.1
1.1.2.1.2.2.1.4.2.1
1.5.4.1.1.1.1.2.2
1.1.7.4.1.2.3.2
1.2.2.10.5.3
1.1.1.14
1.1.2.2.2.3.2.2
1.1.1.2.1.1.2.1.1
9.1.1.1.5
1.1.2.2.2.1.6
1.4.2.1.2
5.1.8.2
1.1.1.1.1.1.3.4.3
2.1.1.1.10.1

89. 30x30 - Brain

Row clues (top to bottom):

- 1.2.4.1.2.1.1.1.1.1.3
- 1.1.1.1.1.1
- 8.5
- 1.1.4.1.1.1.1
- 1.4.3.1
- 1.1.9.2
- 1.2.1.1.1.11
- 3.2.1.1.2.2
- 1.1.3.1
- 6.2.2.2.1
- 1.2.1.3.1.1.2
- 1.2.1.1.1.1.2
- 4.1.1.2.2.5.1
- 3.3.3.3.2
- 3.2.1.1.1.1.2.1
- 1.2.1.1.8.1.1
- 3.1.1.1.1.1.1.1.1.1
- 1.3.1.6.1.2
- 3.3.1.2.2.2.1
- 1.2.1.1.2.2.1.3
- 1.2.1.1.1.1.2.2
- 1.2.1.2.2.2.7
- 1.1.1.1.1.1.1.2
- 4.2.5
- 2.5.7.3
- 2.1.1.1.1.1.1.1.2.2.2
- 1.1.1.1.1.4
- 1.1.1.1.1.1.1
- 1.3.1.1.4.2
- 2.1.1.1.1.4

90. 30x30 - Brain

Row clues (top to bottom):

- 2.1.1.1.1
- 1.1.2.5.1.1
- 3.1.1.1.1.1.1
- 1.1.1.1.1
- 2.1.2.1.2.1
- 2.2.1.1.1
- 3.2.1.1.1
- 4.2.1.2
- 1.6.2.1.1.1.1.3.2.1
- 1.1.2.3.2.1.1
- 1.1.1.2.1
- 1.3.1.5
- 3.2.2.3.1.1.3.1.2.1
- 2.2.4.1.1.1.2
- 1.1.2.2.3.3.1.1.1.3
- 2.2.1.2.1.1
- 1.1.2.1.4.2.1.1
- 2.1.2.1.10
- 2.1.3.3.2.3
- 1.2.2.1.1.1
- 1.3.2.3.1.1
- 7.3.1.1.1.1
- 6.1.1.1.1.1.1.2.3.1
- 3.2.3.1.2
- 2.2.2.1.1
- 1.3.3.1.1.1.1.1
- 1.2.2.2.4
- 5.1.4.2.2.1.3.2
- 1.1.4.1
- 1.1.1.2.1.1

91. 30x30 - Brain

Row clues (top to bottom):

- 7.1.1.2.1.7
- 1.1.1.1.2
- 1.6.2.1.1.7.1
- 1.1.1.1.1.2.3
- 2.1.1.1.1.1.2.1.2.5
- 2.1.1.3.3
- 1.3.1.1.1.1.1.2.1
- 5.1.2.4.2.2.1.1
- 2.2.1.3
- 1.1.3.1.3.1.1
- 3.2.1.1.1.1.1
- 1.2.1.1.1.1
- 3.3.1.1.1
- 7.1.2.1.1.1.1
- 1.2.1.1.1.1
- 1.2.1.3.2.1
- 1.2.2.3
- 2.3.2.2.2.6
- 2.1.2.2.1.1.1
- 1.1.2.2.3
- 2.1.1.5.1.1.1.1.1
- 1.3.4
- 1.3.1.1.1.1.2
- 1.1.7.1.1
- 2.2.2.1.1.6.2.1.1
- 3.2.1.1.1
- 2.1.2.1.1.3.2.1.1.1.1
- 2.2.1.1.4
- 1.1.2.7.3.1.1
- 4.4.4.1.1

92. 30x30 - Brain

	2 1 7 1 1 1 1	1 1 2 1 1 4 9 2	1 1 1 3 1 1 2 1	2 1 2 1 1 2 1 1	2 1 2 1 1 1 1 1	6 2 1 1 1 1 1 2	3 2 1	2 1 2 2 1 3 1 1	3 2	1 1 3 9 1 1 1 1	1 2 1 1 2 1	2 1 1 1 1 2 2	1 1 1 1 3 1 1	1 1 2 3 1 2 5	2 1 3 2	1 1 2 1 2 3 2	1 1 1 1 1 1 1	1 1 1 1 1 7 1	1 1 1 1 1 1 1	4 1 1 1 1 1 5	5 1 1 1 4	1 2 1 1 1 1 2 2	2 1 2 3 1	1 2 1 3 1 2 1	3 2 1 1 1 1 6	1 1 1 1 2 1 4	2 1 1 2 1 2	1 1 2 2 1 1 6	3 1 1 2 1 1	1 1 9 2 2 1 1 3
2.9.5.1.2.2																														
1.5.1.1.1.1																														
3.1.1.1.2																														
4.1.2.5.2																														
4.1.2.3																														
2.3.1																														
1.2.1.2.2.2.3.2.1.1																														
2.4.4.1.4																														
2.3.2.1.2.1																														
1.1.3.1.1.1																														
3.2.1.1.5.1																														
1.1.1.1.3.1.1.1.2																														
4.1.1.3																														
1.3.1.1.1.1.1.2																														
1.5.1.1.1.2.2.1.1																														
5.1.3.5.1.1																														
1.1.1.2.1																														
2.2.2.1.1.1.1.1																														
1.1.2.1.1.1.4.6																														
2.1.1.3.7																														
1.1.1.1.1.1.1.1.1																														
8.3.1.1.4																														
3.1.1.1																														
1.1.2.3.2																														
2.1.1.1.1.1.2.1.1																														
1.1.6.2.2.2																														
2.4.1.1.2.2.5																														
1.1.2.4.1.2.1																														
2.1.1.5.1.1.1																														
1.1.1.1.1.1																														

93. 30x30 - Brain

Row clues (top to bottom):

- 1.1.1.1.1.2
- 2.2.1.1.1.1
- 1.1.1.3.1.2
- 4.3.1.1.8
- 4.3.1.3.1.1.1.1.1
- 1.2.1.2
- 1.1.1.1.1.1.2
- 1.3.1.5
- 1.1.2.3.1.1.2.3
- 1.1.2.3.2.2.1.2.3
- 1.1.2.1.1.1
- 1.1.4.1.1.2.1.1.2.4
- 2.1.1.1.1.1.3.4.1.1
- 1.1.1.1.1.5
- 5.1.4.1
- 2.2.2.2.2.1
- 2.5.1.1.2.4
- 2.1.2.2.5.1
- 1.1.5.1.1.1.1.6
- 1.2.2.1.1.1.1
- 1.1.3.1.1.1.1.1.1.1
- 1.1.2.2
- 1.1.2.1.1.1
- 1.1.1.1.2.1
- 1.1.2.1.2.1.1.1
- 3.1.2.2.4.1.1
- 1.2.9.1.1
- 1.1.1.1.1
- 4.2.1.1.2.2.1
- 1.1.1.1.5.1.1.1.1.1.1

94. 30x30 - Brain

Row clues (top to bottom):

- 1.3.6.1.1
- 1.1.1.1.2
- 1.2.1.2.1.1.1.1.1.1.2.1
- 2.1.1.2.1.2.1.2
- 3.2.1.1.4.2.3.2
- 2.1.2.1.1.1.1.2.3
- 1.1.3.2.1.1.1
- 4.2.1.1.3.2.1
- 1.2.1.1.1.1.1
- 1.2.3.2.1.1.1.3
- 3.1.3.2.1.2.1
- 1.3.1.1
- 1.1.3.3.1
- 1.2.1.1.1
- 1.1.1.1.1.1.2
- 2.2.1.2.1.2.2
- 2.3.1.1.1.1
- 1.4.1.1.1
- 1.1.1.3.1.4.2.1.4.1
- 1.1.2.1.1
- 1.3.1.1.2.1.2
- 5.1
- 1.2.1.1.1.4
- 2.3.1.1.2.2.2
- 1.7.4.1.1.1
- 1.1.2.8.1.2.2
- 7.3
- 3.2.1.2.3
- 1.1.1.4.4
- 1.4.1.1.8.1.1.1

95. 30x30 - Brain

Row clues (top to bottom):

- 1.1.1.1.3.1
- 1.1.2.2.3.1.2
- 6.2.1.1
- 1.1.3.1.4
- 1.2.2.1.1.2
- 1.2.1.1.1.5
- 1.1.2.1.1.1
- 2.1.4.1.2.1.1.1
- 1.1.2.2.1.1.1
- 3.3.2.3.3.2.2.2
- 1.5.1.1.2.2
- 1.2.1.2.1.1
- 1.2.1.1.1.2
- 2.1.4.3
- 1.2.1.2.2.1
- 1.1.5.2.3.1.1.2
- 1.3.1.5.2.2.4
- 6.1.3.2
- 1.1.3.5.1.1
- 2.1.1.1.2.5
- 1.3.2.1.2.1.2.1.3.1
- 4.1.1.4.1.2.2
- 4.2.2.3.1
- 1.3.1.3.1
- 2.2.1.3.1.1.4.3
- 1.3.1.1.1.2.3.5
- 1.2.2.3.1.1
- 2.3.1.2
- 1.8.2.1.6.2
- 1.2.5

96. 30x30 - Brain

Row clues (top to bottom):

- 1.2.4.2.3.1.1.2.2
- 3.4.1.2.2.1.1.1.2
- 2.1.4.3.1
- 1.4.4.2.2
- 1.1.5.1
- 1.1.1.3.2.1.3.2
- 1.1.5.2.1.1.1
- 2.1.1.1.3.3.2.1.1.1
- 1.1.1.1.3
- 1.1.1
- 1.1.1.1.1.1.1
- 5.1.2.1.2.1
- 2.1.1.1.1
- 1.2.2.3.2.2.1.1
- 3.1.1.1
- 1.3.4.1.4.4
- 1.3.1.1.5.1
- 1.1.2.2.4
- 3.1.1.5.1.3.1
- 2.2.1.5.1.1
- 2.2.1.2.1.2.1
- 1.3.1.1.1.1.1.1
- 2.1.2.2.1.2.3.1
- 1.4.4.2.1
- 1.1.2.4
- 1.2.2.1.1.1.1
- 2.2.3.2.1.1.3
- 1.1.2.1.1.1.1.6
- 3.1.1.3
- 2.3.1.5.1.1.1.1.1

97. 30x30 - IQ

Row clues (top to bottom):

- 5.1.3.1.1.1.2.2
- 3.2.1.3.3
- 2.1.3
- 1.1.7.3
- 1.1.2.1.1.1
- 6.1.1.1.3.3
- 1.1.5.3.1.1
- 1.1.3.8.2
- 1.1.1.1.5.2.1.1
- 1.1.2.2.1.1.1.2.2.2
- 1.1.1.4.2.2
- 2.1.1.1.1.1.2.1
- 1.1.4.1.5.1
- 1.1.1.1.1.1.2.1.1.4
- 1.1.2.1.1.1.1.1.1
- 1.2.1.1.3.1.1.1
- 1.1.5.1.1.2.1
- 1.1.1.1.1.1.1.1
- 2.2.2.1.1.1.3.1.4
- 2.1.2.3.1.1
- 2.2.1.3.1.2.1.1
- 1.1.1.1
- 3.2.1.1.1.1.1.1.1.1
- 1.2.1.1.3.1.2.5
- 1.7.3.1
- 1.2.1.1.1.3.4.1
- 3.2.1.1.1.1.1.1.1
- 3.1.1.2.2
- 9.1.1.1.1
- 3.3.10

98. 30x30 - IQ

Row clues (top to bottom):

- 2.1.2.1.1.2.1.1.1.4
- 2.2.2.1.1.1.1.1.2.2.2
- 2.2.1.1.1.2.1
- 1.1.1.3.1.1.2
- 4.4.2.1
- 2.1.1.6.1.1.2
- 5.1.1.1.1.7.1
- 1.1.2.1.2.6.4
- 2.2.3.1.1.2.1
- 1.1.1.1
- 1.1.1.1.3.1.2.2.1
- 1.2.2.1.1.7.3.1
- 1.1.1.1.2.2
- 4.3.3.1.1.1
- 1.2.2.1.1.1.3
- 2.1.1.1
- 1.3.3
- 4.1.3.1.3.2.3
- 3.1.1.1.1
- 1.1.1.1.2.1.2.1.2
- 3.2.1.1
- 1.1.2
- 1.5.3
- 1.1.1.1.1.4.1
- 2.1.1.1.3.1.2
- 1.2.6.2.1
- 2.2.3.4
- 4.3.7.6.1
- 2.1.1.2.1
- 1.4.1.1

Column clues (left to right, top to bottom):

1. 2.1.1.1.12.2.1
2. 3.2.1.1.2.1.1.2.1
3. 1.1.3.1.2.1.1
4. 1.1.2.1.1.1.2
5. 2.2.1.1.2.2
6. 2.2.1.1.2.2.1
7. 1.4.2.3.1.1.2.2.1
8. 2.1.3.1.2.1
9. 3.4.5
10. 2.1.1.3.1.2.3
11. 2.2.1.1.5.2
12. 5.1.1.1.3.1
13. 4.1.1.1
14. 3.1.2.1.1
15. 2.1.2.2.1.1.1.1.2
16. 1.3.5.3.1
17. 1.1.5.5.3.2
18. 2.1.1.1.1.1.2.1
19. 7.1.1
20. 1.3.1.1
21. 3.2.1.1.1
22. 1.1.3.2.1.2
23. 1.1.1.1.1
24. 3.1.1.1.1.1
25. 1.3.1.1.2
26. 2.1.1.2.1
27. 2.1.1.1.3.1
28. 1.1.2.1.3.5.1
29. 4.1.1.1.2.1
30. 1.4.2.1.1.1.2

99. 30x30 - INSANE

Row clues (top to bottom):

- 1.2.1.1.2.2.1.2
- 2.3.3
- 1.2.1.1.2
- 1.1.1.1.1.2.2.1.1
- 2.3.1.3.3.1
- 1.2.1.1.2.1.2.1
- 2.1.3.4.1.1.1.1.1.2
- 4.2.1.2.1.2.3
- 1.2.2.4
- 2.4.2.1.1.2.1.2
- 3.1.1.2.3.3
- 1.1.1.1.1.1.2.2
- 7.1.1.1.4
- 1.1.2.2.2.1.2
- 1.1.1.1.2.4
- 1.1.1.4
- 1.1.1.1.1.4
- 1.1.3.1.3.1.1.1
- 1.2.1.1.2.2
- 2.1.2
- 3.2.2.1.1.2.1.2.3.2
- 1.3.1.2.1.1
- 1.1.2.3.1.1.1.1.1.4
- 6.1.1.2.1.5
- 1.2.1.1.3.3.5.1
- 2.3.2.1.3.1.1.1.1.1.1
- 1.2.3.2.5.1.1.1
- 1.5.1.1.1.1.1
- 1.1.1.3.1
- 2.1.1.1.1.1.1.2.1.1

100. 30x30 - INSANE

Row clues (top to bottom):

- 2.2.5.9
- 1.1.1.1.1.2.1.3
- 1.1.1.1.1
- 16.2.2
- 1.1.1.3.1
- 1.1.1.1.2.1
- 3.2.2.3.1.1.2.1
- 7.11.1.1.1.1
- 1.2.1
- 1.1.6
- 2.1.1.1
- 3.2.1.1.1.1
- 1.3.2.1.3.1.2.3.1.1.1
- 4.1.1.1.1.1.2.6.1
- 1.2.1.1.1.1.4.1
- 2.4.1.1.1
- 2.3.1.2.1
- 1.2.8.2.1.1.2.1.2
- 1.2.1.2.2
- 7.1.1.1.1
- 1.2.1.3.2.1.1.1.1
- 1.1.1.1.1.4.2.2
- 1.1.2.2.1.1
- 1.2.1.1.1.1.1.1.1.2
- 1.1.1.4.4.1
- 1.2.5.3.3
- 2.2.2.2.2.5
- 4.1.1.1.2
- 2.2.1.3
- 2.2.1.2.1.1.1.2

21. 22. 23. 24.

25. 26. 27. 28.

29. 30. 31. 32.

33. 34. 35. 36.

37. 38. 39. 40.

57.
58.
59.
60.
61.
62.
63.
64.
65.
66.
67.
68.
69.
70.
71.
72.

73.   **74.**   **75.**

76.   **77.**

78.   **79.**

80.   **81.**

82.

83.

84.

85.

86.

87.

88.

89.

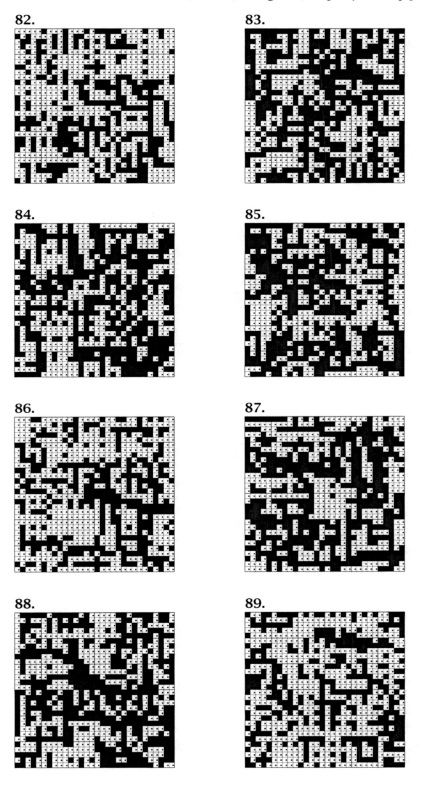

90.

91.

92.

93.

94.

95.

96.

97.

98.

99.

100.

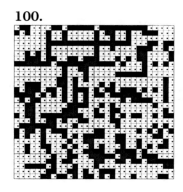